# HENRI HAUSER

Correspondant de l'Institut
Professeur à l'Université de Dijon


# Les
# Régions économiques

PRÉFACE

DE

## M. CLÉMENTEL

Ministre du Commerce et de l'Industrie

PARIS
LIBRAIRIE BERNARD GRASSET
61, Rue des Saints-Pères, 61

1918

# Préface

La question traitée dans cette brochure par
M. Henri Hauser me paraît devoir tenir une place
capitale dans la réorganisation économique de
notre pays après la guerre. Il ne s'agit pas, comme
certaines personnes se le figurent peut-être, d'une
réforme secondaire, destinée à donner au Ministère du Commerce et de l'Industrie une constitution plus savante, mieux en harmonie avec celle
d'autres Ministères déjà pourvus de divisions administratives qui leur sont propres. Il s'agit de bien
autre chose. Comme j'ai eu l'occasion de le dire
en inaugurant le 19 mars dernier la région de
Nancy, dans la bataille économique qu'il nous faudra livrer après la guerre, nous ne vaincrons le
pangermanisme qu'en prenant quelques-unes des
armes dont l'Allemagne a su faire usage, et au
premier rang, celle de l'organisation. Le groupement des forces régionales est un pas décisif dans
cette voie.

M. Hauser rappelle que dès 1903, comme rapporteur du budget de l'Intérieur, je préconisais comme l'un des moyens de développer la puissance productrice du pays, l'organisation en France de régions économiques.

Quelle force la guerre est venue donner à cette thèse !

Songeons, en effet, à la situation en face de laquelle le pays va se trouver dès que la victoire définitive des armées alliées nous aura rendu la paix. Cette paix n'effacera pas de longtemps les conséquences de la guerre. Elle ne fera pas que cette crise n'ait déchaîné sur le monde un prodigieux bouleversement, une véritable révolution.

La France, qui trouvait lourds ses budgets d'avant-guerre — des budgets de cinq milliards — aura un budget d'une vingtaine de milliards. Il y aurait, dans ce chiffre, de quoi faire frémir les économistes qui évaluaient en 1913 notre revenu national à trente et quelques milliards. Admettons que la hausse nominale de tous les prix l'ait porté à 50 ou 60 milliards. Admettons encore qu'une partie importante de cette hausse soit consolidée après la guerre... Il n'en restera pas moins que la charge que nous aurons tous à supporter sera très lourde. Notre seule chance de salut, c'est d'ac-

*croître le revenu national et, pour ce faire, de produire davantage. Produire davantage, c'est tirer plus de notre sol, acheter moins de produits fabriqués à l'étranger, lui en vendre plus, abaisser nos prix de revient, et par suite accroître nos bénéfices.*

*Le temps des paresseuses nonchalances est passé ! Pas un champ ne doit fournir moins que son maximum, pas une mine ne doit rester inexploitée, pas une goutte d'eau ne doit tomber inutile sur le flanc de nos montagnes. A tout prix, dans tous les domaines, il nous faut accroître nos rendements.*

*A cette seule condition nous pourrons liquider notre dette extérieure, qui s'approche de vingt-cinq milliards, et redresser notre change.*

*Nous ne pourrons réduire progressivement le montant de cette dette que par une meilleure organisation de l'effort national, par le perfectionnement de notre outillage, par l'utilisation plus parfaite de nos propres ressources. Œuvre immense que l'État peut et doit diriger, mais qu'il ne saurait accomplir sans l'action concertée et convergente des intéressés mue par le puissant ressort de l'initiative individuelle. Œuvre impossible à réaliser si nous voulions l'entreprendre d'un seul* coup, au nom de principes intangibles, sans souci des contingences géoraphiques et des diversités locales. Seule l'organisation régionale nous permettra la mise en valeur complète et rationnelle de notre vieille France, rajeunie des Frances nouvelles que nous avons essaimées au delà des mers.

C'est en partant de ces données que j'ai conçu la division de la France en régions économiques. Pour établir les bases de ce projet, j'ai fait appel à la collaboration de M. Henri Hauser, professeur à l'Université de Dijon, correspondant de l'Institut. Il était préparé à cette tâche par son passé scientifique, par l'ensemble de ses travaux d'histoire et de géographie économiques. Élève de l'illustre maître Vidal de la Blache, qui a été le premier à mettre en lumière le rôle fécond du regionalisme économique, M. Hauser est resté fidèle aux leçons de ce grand esprit qui joignait au talent descriptif le sens de la réalité concrète, le goût de la vie et de l'action.

Mais de si près que M. Hauser et les services de mon département eussent essayé de serrer le problème, si grand qu'eût été leur désir de tenir compte des nouvelles concentrations industrielles, des nouveaux groupements d'intérêts, des nouveaux courants commerciaux, il ne pouvait entrer dans ma pensée de condenser d'emblée leur travail en une carte définitive, que j'aurais, d'autorité, imposée aux intéressés. Je disais en 1903 « qu'il ne fallait pas violenter les affinités économiques ». Je suis resté d'accord avec moi-même. Je suis persuadé que la réforme régionale ne sera féconde que si elle obtient l'adhésion franche et active des régions elles-mêmes.

Comment pouvais-je provoquer cette adhésion? Fallait-il recourir à de lentes procédures administratives ? Je ne l'ai pas pensé. J'ai pensé que la France n'avait pas le temps d'attendre. C'est demain, c'est aujourd'hui que doit s'ouvrir l'ère de la nouvelle économie nationale.

Heureusement la loi du 9 avril 1898 sur les Chambres de Commerce mettait en nos mains un instrument d'une souplesse incomparable. Elle m'a permis de concevoir la région économique comme le gouvernement volontaire, et sanctionné par l'État, des compagnies dont les intérêts sont solidaires et convergents.

Ces groupements auront une double utilité, ce seront des organes d'information et des organes d'action.

Organes d'information, d'abord. A une date que nous ne pouvons prévoir, mais que nos succès *militaires font de jour en jour plus proche, le Gouvernement de la République aura la redoutable tâche de fixer, pour une période qui peut-être longue, la future politique économique de là France. Il devra au cours de ce travail s'appuyer sur l'autorité des forces économiques organisées. Or voit-on le Ministre du Commerce et de l'Industrie, en ces heures décisives où chaque minute comptera, obligé de demander l'avis de 149 Chambres de commerce, d'examiner, de classer, de peser 149 réponses, plus ou moins discordantes ? Les 16 ou 18 corps régionaux auxquels il aura à faire appel sauront au contraire lui adresser des avis déjà étudiés, déjà passés au criblé de l'intérêt général, dégagés des contingences purement locales.*

*Organes d'action, ensuite. Le bureau régional, par lui-même et par l'agent technique placé auprès de lui, aura mission d'étudier les moyens d'accroître la productivité de la région. Mines, sources d'énergie, outillage économique, etc..., tous ces sujets solliciteront son attention ; il se tiendra en contact avec le département de l'Industrie et du Commerce, il stimulera l'activité des administrations publiques ; il sera, dans la région, le grand moteur de la production industrielle.*

*Les Chambres de Commerce ont parfaitement compris ce que j'attendais d'elles, ce que je leur demandais au nom de l'intérêt national. Soit devant moi, soit devant mes délégués — M. Fighiera, directeur des Affaires Commerciales et Industrielles, M. Henri Hauser et M. Allégret — elles ont manifesté leur ferme volonté de marcher dans la voie que nous leur indiquions. A l'heure où je signe cette préface, l'œuvre est plus que commencée, elle s'achève. Pour les deux tiers les régions sont constituées, et vivent ; les autres sont virtuellement faites, et seront sur pied dans quelques semaines. On verra, dans la brochure de M. Hauser, par quels moyens, en s'inspirant de quelles méthodes mes actifs et dévoués collaborateurs m'ont aidé à obtenir ce résultat.*

*Assurément le groupement régional des Chambres de Commerce n'est qu'une partie du travail que nous devrons accomplir. Il nous faudra, tout de suite, réaliser une autre concentration de forces aujourd'hui dispersées, les forces syndicales. Là, aussi, là surtout, l'organisation s'impose, sous les espèces de la discipline librement consentie.*

*Mais la condition nécessaire de cette organisation, c'est ce groupement des Chambres de Com-*

merce que nous venons d'accomplir. A côté de lui,
je le disais aux Chambres de Commerce de l'Est,
« s'organiseront les autres groupements régionaux qui, après le vote de la loi qu'étudie, dans
l'esprit le plus favorable, la Commission d'administration générale de la Chambre, formeront,
l'organisme central où tous les intérêts de la région seront représentés ».

De cet édifice, où pourront s'abriter les forces
vives du pays, je considèrerai comme un précieux
honneur d'avoir posé la première pierre.

30 septembre 1918.

CLÉMENTEL.

# LES
# RÉGIONS ÉCONOMIQUES

## I

## Qu'est=ce que le régionalisme économique?

### Le régionalisme est à la mode.

De toutes parts naissent des sociétés régionalistes, soit qu'elles aient pour objet d'aider à se constituer une région déterminée, soit qu'elles veuillent faire triompher, par la France entière, l'idée régionaliste. Il existe même un groupement de ces sociétés, qui s'appelle la *Fédération régionaliste française* ; et encore certains comités ou sociétés vivent-ils, d'une vie très active, à l'écart de cette fédération. Toute une littérature régionaliste se publie, sous forme de nombreux volumes et d'innombrables articles de revues ou de journaux. Plusieurs administrations publiques essaient de réorganiser leurs services sur la base régionale. Enfin des propositions de loi sont déposées, qui tendent à diviser la France en régions.

### Qu'est-ce que le régionalisme ?

Qu'est-ce donc que le régionalisme ? Et pourquoi cette mode nouvelle ?

Ce mouvement s'explique par deux raisons.

## Le département est un cadre vieilli.

En premier lieu, un fait apparaît à tous les yeux, c'est l'insuffisance, l'étroitesse du cadre départemental. Ce cadre a été bon à son heure. On est souvent, en effet, très injuste pour l'œuvre des Constituants de 1790. On se les représente comme de purs géomètres qui, le compas et la règle en main, découpaient arbitrairement la carte de France en circonscriptions sensiblement égales. Non, ce n'étaient pas tous des géomètres. Ils ont fait un réel effort pour grouper, suivant leurs affinités naturelles, les pays de France, pour consulter les populations, harmoniser les intérêts. La position des marchés, la variété des productions locales, ces considérations ne leur étaient pas étrangères. Et surtout ils tenaient grand compte de l'état de la circulation, des routes, terrestres ou fluviales.

« Dans l'état de nos communications, disait Thouret, —cependant le plus géomètre d'entre eux,—l'intérêt des gouvernés exige que le district de chaque administration soit mesuré de manière qu'il puisse suffire à tous les objets de surveillance publique et à la prompte exécution des affaires. » Et Target ajoutait en termes plus précis : « Nous avons voulu que, de tous les points du département, on puisse arriver au centre de l'administration en une journée de voyage. »

Puisque nous parlons géométrie, nous dirons donc que, dans la conception des Constituants, la ligne qui dessine les limites d'un département est le lieu géométrique des points qu'une journée de voyage sépare du chef-lieu.

Mais les Constituants ne pouvaient prévoir ce qui s'est passé depuis 1790 ; à savoir que l'accélération des moyens de transport au cours de la seconde moitié du xix⁰ siècle serait sans commune mesure avec ce qu'avait été cette accélération entre le temps où Louis XI organisait les postes royales et la fin du xviii⁰ siècle. Ils ne pouvaient prévoir qu'un temps viendrait où pas un point d'un seul département, pour ainsi dire, ne serait séparé du chef-lieu par une journée de voyage.

Ils ne pouvaient prévoir qu'un temps viendrait où il faudrait moins de temps pour aller de Paris à Marseille qu'il n'en fallait alors, avec de bons chevaux de poste, pour se rendre de Paris à Montargis.

Depuis la découverte des chemins de fer, la France, il faut bien l'avouer, s'est rétrécie. Puisqu'on met trente-cinq fois moins de temps pour aller de Paris à Marseille, c'est comme si la distance entre ces deux villes était devenue trente-cinq fois plus courte.

La France se rétrécira encore avec le développement de l'automobile. Mais ce qui, surtout, l'a rendue plus petite, ce qui a bouleversé les conditions administratives, c'est la découverte du télégraphe et du téléphone. Il fallait, en 1790, environ neuf jours pour qu'un ordre du pouvoir central atteignît les autorités marseillaises. Même après l'établissement, de butte en butte, des tours du télégraphe Chappe, il fallut encore des heures de transmissions compliquées, souvent interrompues par le brouillard. Aujourd'hui, de son bureau de la place Beauvau, le Ministre de l'Intérieur, en décrochant son récepteur, transmet instantanément ses instructions aux préfectures les plus éloignées. Et quelques minutes après, par une transmission nouvelle, ces instructions peuvent être communiquées à la dernière des communes, perdue en un coin de vallée.

En se rétrécissant, la France a pour ainsi dire comprimé ses divisions intérieures. Le département était, quand on le fit, de grandeur raisonnable ; il est, avec le temps, devenu ridiculement petit. En deux heures d'express, on traverse de part en part un département comme l'Yonne ou les Landes. Au chemin de fer s'est ajoutée l'automobile, non pas seulement l'automobile individuelle, mais l'autobus rural, les services de transports en commun qui commencent à rayonner et rayonneront de plus en plus dans nos campagnes, spécialement dans nos pays de montagnes.

Si les communications sont plus rapides, d'autre part les phénomènes économiques avec lesquels nous avons à compter sont d'une ampleur insoupçonnée de nos devanciers. Les Constituants, ni le Conseil d'Etat de Bonaparte ne pouvaient prévoir la place que la houille prendrait dans notre industrie.

Or considérons le plus important de nos bassins houillers, celui du Nord et du Pas-de-Calais : serait-il admissible que la ligne plus ou moins capricieuse qui, sur le sol, sépare ces deux départements vînt détruire l'unité fondamentale de ce bassin homogène ? Admettrait-on que deux ingénieurs en chef se permissent d'appliquer deux régimes d'exploitation différents aux deux parties de ce bassin, parce que l'une est à droite et l'autre à gauche de cette ligne ? Les questions de main-d'œuvre, d'organisation de la vente, de la recherche des débouchés ne se posent-elles pas à Valenciennes et à Denain de la même façon qu'à Béthune ou à Anzin ?

La frontière de 1871 coupe en deux l'un des plus riches gisements ferrifères du monde, le plus riche d'Europe. Lorsque cette frontière aura été reportée à l'Est, conformément au droit des peuples, irons-nous couper le gisement en deux, Thionville d'un côté, Briey de l'autre ?

Autre exemple : voici un estuaire, la Gironde, qui devient tout entier l'avant-port océanique du port de Bordeaux. Or la côte septentrionale de l'estuaire est en partie dans le département de la Charente-Inférieure. Les établissements maritimes qui s'y édifient à l'heure actuelle vont-ils être séparés, administrativement, du grand port voisin ? Question qui ne s'est posée que le jour où l'énorme accroissement de capacité des navires a forcé les ports d'estuaire à se pourvoir de ports de haute mer.

Les Constituants et le Conseil d'Etat de l'an VIII pouvaient-ils prévoir que la force produite par un générateur à vapeur ou par une chute d'eau s'en irait à des dizaines, puis à des centaines de kilomètres, actionner des roues d'usines, faire marcher des voitures sur les routes, éclairer des rues, chauffer des fours ? Que de jours fallait-il pour qu'un train de bûches assemblé à Auxerre descendît l'Yonne, puis la Seine jusqu'au port de Paris, combien de temps avant que les forêts du Morvan pussent se transformer, dans les foyers de la capitale,

en sources de chaleur ? Demain il suffira de quelques
secondes pour que l'énergie dégagée par les rapides du
Rhône vienne, en ce même Paris, produire des tem-
pératures de plus de 1.000 degrés. Comment, dans ces
conditions, mesurer les distances avec le même mètre
qu'il y a cent vingt ans ?

Le résultat de cet abrègement des distances a été souvent la mort, ou du moins le dépérissement du chef-
lieu départemental comme marché régional. Quand ce
chef-lieu n'est pas une grande ville, c'est ailleurs, c'est
au chef-lieu du département voisin que les paysans
vont porter leurs denrées, et se pourvoir de produits
fabriqués. Bientôt l'herbe pousse entre les pavés de la
somnolente préfecture... L'accélération des transports
a pour effet de concentrer la vie, l'activité économique en un certain nombre de points bien placés, con-
fluents de rivières, nœuds de routes, ports, etc. C'est
dans ces villes que s'ouvrent les halles aux grains, les
bourses aux laines, et aussi les grands magasins de tout
genre.

## Les excès de la centralisation.

Cette lutte des villes entre elles, cette disparition
progressive des moins aptes, cette croissance des petites
capitales provinciales, tout cela n'aurait pas d'inconvénients graves, et il n'y aurait qu'à prendre acte des
transformations accomplies, si notre administration
n'était pas si fortement centralisée, si bureaucratique,
si paperassière.

Lorsque les Constituants dessinaient en 1790 la carte
nouvelle de la France, ils voulaient donner au département, au district, à la commune une très large autonomie. L'unité nationale s'était nouée dans les céré-
monies touchantes des fédérations locales, puis de la
grande fédération parisienne du 14 juillet. On conce-
vait la nation comme une fédération permanente.

Les nécessités de la défense nationale pendant la
guerre révolutionnaire imposèrent le retour à la cen-

tralisation, retour que l'on croyait, que l'on espérait
momentané. Le régime consulaire et impérial en fit une
institution durable, si durable qu'elle vit encore. Et
elle a la vie dure. En effet, nous avons, depuis 1799,
fait bien des révolutions, changé cinq ou six fois la
forme de notre gouvernement, promulgué et déchiré
plusieurs constitutions. Pures apparences que tout cela.
Nous vivons toujours, en réalité, sous la constitution
de l'an VIII. Elle est à la base de notre vie administrative, elle domine notre activité de tous les jours. La
main de Bonaparte a si fortement modelé notre pays
que notre structure administrative n'a guère changé
depuis cent vingt ans.

Sous ce régime, le département est un mécanisme
parfait, fort bien agencé, dont tous les rouages marchent
ou s'arrêtent sur l'ordre d'un seul metteur en œuvre,
le préfet. Assis au chef-lieu, au centre du mécanisme,
le préfet reçoit lui-même l'impulsion d'une autre ma-
chine, infiniment plus puissante, installée au centre du
pays, et c'est l'impulsion venue de cette grande généra-
trice qu'il transmet à son tour aux rouages dont il a
la haute surveillance. Le préfet représente dans le département la personne même du Premier Consul... par-
don, du Président de la République, et plus spécialement celle du Ministre de l'Intérieur. Reflet du pouvoir
central, le préfet est théoriquement le chef de tous les
fonctionnaires de l'État dans le département, de l'ingénieur, de l'agent-voyer, du directeur d'hygiène, de
l'inspecteur d'Académie, du directeur des P. T. T.,
aussi bien que des sous-préfets. C'est le successeur de
l'intendant, à cette réserve près que le département
est, sauf exception, plus petit que l'ancienne généralité.
Mais on pourrait presque dire, parodiant le mot de
Law : « La France est une république démocratique...
gouvernée par 87 préfets. »

Nous jouissons ainsi des inconvénients combinés, et
contradictoires, d'une division administrative trop
étroite et d'une centralisation trop absorbante. Trop
petits, les départements pourraient encore vivre d'une
vie locale, s'ils avaient la liberté de se mouvoir libre-

ment. Tenus en tutelle, ils auraient des moyens d'action si leurs circonscriptions était plus étendues. A la fois ratatinés et réduits à une demi-servitude, que peuvent-ils faire? Tourner les yeux vers Paris, espérer tout du pouvoir central, des députés, des Ministres. Il leur faut attendre le bon vouloir des autorités qui siègent là-bas, et qui ne connaissent rien de leurs affaires, pour construire quelques kilomètres d'un chemin de fer d'intérêt local. Et quand, après une longue promenade, interrompue par de longues siestes, à travers les cartons verts, lorsqu'un projet d'une utilité locale urgente arrive enfin à l'ordre du jour du Parlement, il est voté sans examen, en deux minutes, devant les banquettes vides, par une ou deux douzaines de personnes indifférentes et incompétentes!

J'ai vu de mes yeux, dans une assez grande ville, construire un tramway de pénétration. On posa les rails, on dressa les potences, on tendit les fils sur lesquels devait courir l'énergie électrique. Les voitures motrices, toutes fraîches sorties de l'usine, étaient arrivées au dépôt, et déjà les communes suburbaines se réjouissaient à l'idée qu'elles allaient avoir accès au marché de la ville... Déjà des maisons coquettes se construisaient sur le nouveau parcours... Mais, à cette ligne tout équipée, il manquait encore quelque chose : une demi-douzaine de papiers. Tandis que ces papiers voyageaient du chef-lieu à Paris, de l'Intérieur aux Travaux publics, puis de Paris au chef-lieu, et là des bureaux de la Préfecture à ceux de l'ingénieur en chef, pour retourner ensuite à Paris, et reprendre à plusieurs reprises leur lamentable odyssée, le tramway, lui, ne bougeait pas... Les feuilles des arbres jaunirent et tombèrent, la neige couvrit le sol, les prés reverdirent, les rails se rouillèrent — et il fallut, comme toujours, l'intervention d'un homme politique pour déchaîner enfin, le long du fil de cuivre, le torrent des kilowatts trop longtemps prisonniers! Six mois avaient été nécessaires pour percer un tunnel à travers cette montagne de paperasses, plus difficile à perforer qu'un Gothard ou un Simplon.

Paralysie des membres par suite de congestion cérébrale, telle est la maladie dont souffre la France, et qui peut devenir mortelle.

Elle avait été pronostiquée dès 1869 par les républicains qui opposaient à l'Empire centralisateur et despotique le « programme de Nancy », programme qui tenait en deux lignes : « Ce qui est communal à la commune ; ce qui est régional à la région ; ce qui est national à l'Etat ». L'Empire est mort : Sedan l'a tué. La République est revenue : elle vient de se baigner deux fois dans les eaux glorieuses de la Marne. Mais le régime administratif de l'an VIII est toujours debout.

Elargir le cadre trop étroit dans lequel se meut la vie locale, desserrer les liens de la centralisation : tels sont les deux objets que veut atteindre le mouvement régionaliste.

# Des divers aspects du Régionalisme

Le malheur est que l'on entend, et aussi que l'on confond, sous ce même mot de régionalisme, des tendances très différentes, et parfois divergentes.

## Le régionalisme artistique et littéraire.

Régionaliste, le félibre qui épingle une cigale d'or à sa boutonnière, et qui, à la fin d'un banquet, prononce en langue d'oc, dans la belle langue de Mistral, une invocation à la *coupo santo*. Régionaliste, le barde breton qui pose sur ses cheveux longs un chapeau de velours aux bords relevés. Il est un régionalisme esthétique qui consiste à maintenir dans nos provinces les vieilles traditions, les antiques et rationnelles façon de bâtir, les vieilles coiffures, les bonnets dont les ailes flottent au vent, la vielle et le tambourin, les vieilles danses, la vieille cuisine locale. Régionalisme inoffensif et, somme toute, bienfaisant puisqu'il lutte contre l'uniformité et souvent contre la laideur, puisqu'il défend les populations contre un faux luxe, banal et démoralisateur. Ce régionalisme conserve à notre pays des éléments de pittoresque qui font une partie de sa beauté et qui même contribuent à sa richesse : car il y aurait moins de touristes en France si toutes les Arlésiennes portaient un chapeau à la dernière mode, venu en droite ligne des grands magasins, et si la bourrée auvergnate disparaissait devant le tango. Plus nous conserverons l'individualité si accusée de nos vieux pays de France, plus la Bretagne différera du Limousin et le Dauphiné de la Lorraine, plus nous y attirerons l'étranger curieux d'impressions fortes et neuves. On ne saurait donc trop

encourager toutes les tentatives, musées régionaux,
écoles d'art local et comités régionaux des arts appli-
qués, fêtes, représentations théâtrales, bref ces mille et
une institutions qui, toutes ensemble, constituent une
sorte de conservatoire de la vie provinciale. Que le
théâtre d'Orange ne singe pas la Comédie-Française,
que celui de Bussang ne rivalise pas avec nos scènes
parisiennes, sans quoi l'on ira moins à Orange et
moins à Bussang.

Mais si tout est à louer dans ce régionalisme-là, on
sent assez que son action économique, sans être nulle,
est cependant assez limitée. Il a quelques effets économiques. Ce n'est pas le régionalisme économique.

## Le provincialisme.

D'autres régionalistes vont plus loin. Ils ne se contentent pas de recueillir pieusement les débris du passé
et d'en sauver tout ce qui peut être sauvé. Ils rêvent
de restaurer un passé mort. Ils veulent recréer les
anciennes provinces, et, si possible, y relever les anciennes institutions.

C'est là une tentative qui n'a rien de commun, que le
nom, avec le régionalisme économique. Nous n'avons
pas à refaire les provinces, qui d'ailleurs n'ont pas toutes
eu, dans le passé, l'existence réelle que des esprits sim-
plistes et peu avertis leur prêtent. Nous avons à tenir
compte des réalités actuelles, et non de celles du xve ou
même du xviiie siècle. De ce que la Bretagne constituait
autrefois une unité géographique très étendue, sous
forme de duché souverain d'abord, puis plus tard sous
forme de pays d'Etats, il ne s'ensuit pas du tout que
nous ayons le devoir de faire une seule région avec
tous les départements qui sont sortis de « l'ancienne
province de Bretagne », ou qui représentent l'ancien
duché. Il se peut que des problèmes nouveaux, celui de
la Basse-Loire par exemple, se posent aujourd'hui, et
nous amènent à reconnaître l'existence d'une région
nantaise, dans laquelle des éléments bretons prendront

place à côté d'éléments angevins, manceaux, touran-
geaux, région dans laquelle ne peut entrer le reste
de la Bretagne. Nous ne faisons pas de l'archéologie
politique, mais de la géographie économique vivante.
Nous aimons les musées régionaux, mais la région ne
doit pas être un musée.

Cette conception « provincialiste » de la région pourrait, si elle venait à triompher, entraîner des conséquences très dangereuses. Elle aurait pour effet de maintenir chaque région dans une sorte d'isolement farouche
et hargneux à l'égard des régions voisines. Elle favo-
riserait l'esprit « provincial », dans le pire sens du mot.
Ainsi qu'avant 1789, le Comtois considérerait comme un
étranger, presque même comme un ennemi, le Bourguignon d'outre-Saône ; le Savoyard refuserait de frayer
avec le Dauphinois, le Provençal défierait le Languedo-
cien, etc. A l'heure où nous avons besoin d'union pour
l'action féconde, nous irions rallumer les querelles
heureusement éteintes.

Sous prétexte que le provincial transplanté dans une
autre province que la sienne, ou le provincial transplanté à Paris, ou le Parisien transplanté n'importe où
sont des « déracinés », chaque province tendrait à pra-
tiquer le recrutement régional de ses fonctionnaires, de
ses professeurs, de ses magistrats, de ses techniciens,
de ses officiers L'unité morale du pays serait gravement
compromise, les grands courants intellectuels qui cir-
culent à travers toute la France s'arrêteraient devant
des sortes de douanes intérieures. Tout le travail que
nous avons fait depuis cinq cents ans serait à refaire.
Nous serions ramenés, tout au moins, au temps qui pré-
céda les Fédérations. Et, n'en doutons pas, le niveau
intellectuel de la nation baisserait, car la vie mentale
du pays est faite de ce perpétuel mélange, de ce bras-
sage de mentalités différentes, de ce constant afflux
d'énergies nouvelles.

Cette tentative de restauration du passé dissimule
mal, d'ailleurs, l'idée de défaire systématiquement, et
pièce à pièce, l'œuvre de la Révolution. Nous aurions
des provinces avec droit d'aînesse, des provinces sans

école obligatoire, des provinces sans égalité des cultes, etc. Aux lois de la République, devant lesquelles tous les Français sont égaux, on substituerait des lois spéciales à chaque province. Ces tendances aboutissent à la thèse fameuse de M. Ch. Maurras, à savoir que la monarchie seule est capable de réaliser la réforme régionale. Thèse démentie par l'histoire, puisque l'ancienne monarchie a fait cette centralisation même d'où sortit la Révolution.

## Il faut concilier la vie régionale et l'unité nationale.

Au reste, comme la monarchie — disons-le tout bas — a peu de chances d'être très prochainement restaurée en France, notre ambition est d'agir sans attendre ce trop improbable événement. Nous voulons concilier ces deux termes, qui ne sont nullement inconciliables, le développement de la vie régionale et le maintien de l'unité nationale.

Nous ne voulons pas faire de politique. Ardemment attaché, pour notre compte, à l'institution républicaine, nous pensons que la France a surtout souffert et souffre encore de l'abus de la politique, politique de partis au centre, politique de clocher dans le milieu local. Pour éliminer le virus politique, il faut amener les citoyens à se préoccuper de plus en plus de l'intérêt national, j'entends de l'intérêt au sens propre du mot, de l'intérêt économique, si humble que celui-ci paraisse tout d'abord.

Il faut que les députés actuels se le disent, et aussi les hommes qui aspirent à les remplacer : La grande question d'après-guerre, ce ne sera pas de savoir si M. X... ou M. Y... sera ministre, si tel député s'inscrira à tel ou tel groupe ou sous-groupe, et quel sera le dosage des partis dans la composition de tel cabinet. Non, ce sera la réorganisation économique de la nation, en premier lieu la reconstitution des régions dévastées par

l'ennemi ou ruinées par la guerre, le relèvement de
nos industries, la reprise de notre commerce extérieur.
Avant de disputer sur les théories constitutionnelles, il
nous faudra vivre. Pour vivre, pour acheter, pour relever notre change, il nous faudra vendre ; pour vendre
il nous faudra produire, produire beaucoup, produire
toujours davantage. Et cette production intensive ne sera
possible que par un rajeunissement de nos méthodes
industrielles, comme la reprise de nos exportations
exigera la revision de nos méthodes commerciales. Nos
ennemis ont abusé du mot d'*organisation*, mais le mot
recouvre une idée juste : nous ne triompherons dans la
lutte économique qu'à la condition de nous organiser.

Or l'organisation n'est pas une opération miracu-
leuse que l'on puisse, du fond d'un bureau ministériel,
décréter et réaliser d'un seul coup. Il y faut le concours des intéressés eux-mêmes. A ce problème il faut
appliquer la règle de la division du travail. A la fois la
division technique entre les divers genres d'activité
productrice, et aussi la division géographique, la répartition des tâches entre les diverses parties du pays.
Les problèmes qui se poseront à nous seront tellement
complexes que, si nous voulons les résoudre d'un seul
coup, nous n'en viendrons jamais à bout.

## Nécessité d'une organisation économique ré-gionale.

L'organisation régionale est une des conditions nécessaires de la réorganisation économique de la France.
Il importe, si l'on veut sortir du chaos, que les questions soient étudiées sur place, par les compétences
locales, avant d'être tranchées par le pouvoir central.
C'est aux Lorrains à nous dire s'il leur faut un canal
pour amener à leurs fonderies les houilles du Nord, et
par où il doit passer. C'est aux Dauphinois et aux Foré-
ziens à s'entendre pour savoir où il faut établir une
grande centrale électrique qui envoie ses fils jusqu'à

Saint-Etienne, et qui vienne ajouter son énergie à celle que fournissent les charbons de la Loire. S'il y a conflit entre les intéressés, si les projets élaborés par eux lèsent d'autres régions, si ces projets ne sont pas conformes aux règles de l'art, le pouvoir central sera là pour jouer son rôle d'arbitre entre les exigences adverses, de gardien de l'unité nationale, de défenseur des vérités techniques. C'est aux ingénieurs des Ponts ou des Mines à dire comment il faut construire le réseau, creuser le canal, etc. Mais c'est d'abord aux intéressés à s'organiser entre eux. Ils n'auront pas le temps d'attendre que leurs dossiers moisissent dans les cartons des ministères ou dans les tiroirs des deux Chambres.

Il y a urgence à réaliser cette division régionale du travail de réorganisation. Les négociations de paix et les accords entre les alliés porteront, pour une très grande part, sur les questions économiques : régime des matières premières, transports, changes, tarifs douaniers. Le gouvernement, soucieux de faire prévaloir, dans la mesure du possible, les intérêts nationaux, aura besoin de consulter rapidement les intéressés, de recueillir rapidement leurs avis, et d'en faire la synthèse. Qu'il s'agisse de notre régime douanier, de notre approvisionnement en matières premières, le gouvernement devra provoquer des consultations, même des enquêtes. Le voit-on, pour chaque question, s'adressant à 87 administrations départementales, à 149 Chambres de commerce, sans parler de celles de l'Algérie, des colonies et des protectorats ? Le voit-on se débattre au milieu de ces centaines de réponses, souvent contradictoires ?

Non, il lui faudra un petit nombre d'avis, émanant d'un petit nombre de groupements solidement constitués et qui auront déjà clarifié, passé au crible et unifié les avis de leurs membres. Comme beaucoup des questions à traiter seront des questions régionales ou présenteront un aspect régional — question de la houille en Hainaut et en Artois, du fer en Lorraine, en Normandie ou en Anjou, de la soie dans la région lyonnaise, du vin en Languedoc, etc., — il lui faudra des avis régionaux, émanant de corps régionaux.

De même lorsqu'il s'agira de refaire et de perfectionner l'outillage national. C'est battre l'air de phrases vaines que de dire : Il nous faut des rails, des canaux, des ports, il faut ouvrir des mines nouvelles, etc. Ce qu'il faut nous dire, c'est quelles voies ferrées sont nécessaires, quels canaux, c'est quelles mines il faut ouvrir. A la région de la Saône de dire : « J'ai besoin de lignes transversales entre la frontière suisse d'une part, Nantes et Bordeaux de l'autre. Je ne veux plus d'un régime qui, pour gagner les ports de l'Océan, me force à passer par Paris. » C'est à la région lyonnaise de revendiquer le droit à exploiter les gisements de houille qui dorment à quelques pas de sa grande métropole. Le Languedoc nous dira : « Reprenez l'œuvre de Riquet. Donnez à Cette un arrière-pays, élargissez la voie d'eau qui unit les Deux-Mers. » Ce n'est pas dans les commissions des Chambres, ce n'est même pas dans les bureaux des Ministères que ces questions peuvent s'étudier avec le plus de fruit.

Le pouvoir central sera toujours là pour harmoniser, pour coordonner les intérêts régionaux, dont la somme sera l'intérêt national. Mais le pouvoir central aura tant à faire, au lendemain de la crise terrible que nous venons de traverser, qu'il ne pourra s'occuper de tout. Si les régions attendent que les solutions leur arrivent d'en haut, toutes faites et parfaites, comme une manne dispensée par la Providence-Etat, elles attendront longtemps. A elles de faire d'abord leurs affaires, et de se dire : « Aide-toi, l'Etat t'aidera ».

# De la réalité
# des régions économiques en France

C'est en 1900, dans son livre sur *Le Fédéralisme économique* (p. 142) que M. Paul-Boncour montrait qu'à la base même des diversités régionales se trouvaient les diversités économiques.

« Il nous semble, disait-il, que les groupements régionaux, en tant qu'ils sont l'expression de besoins politiques, intellectuels ou moraux, n'ont point entre eux des diversités si profondes que celles autour desquelles on mène moins grand tapage, et qui sont pourtant la raison d'être des autres : les diversités provenant de besoins économiques différents. C'est parce que tels ou tels modes, telles ou telles branches d'industrie dominent dans telle ou telle région, qu'il y aura, de ce chef, entre ces régions des besoins différents, réclamant des solutions différentes que ne peut certes pas leur apporter la rigidité des lois de l'Etat central. Mais ce sont des diversités économiques qui sont la cause profonde de ces besoins différents. »

Ce n'est pas non plus hier, c'est en 1903 que M. Clémentel, alors rapporteur du budget de l'Intérieur, écrivait : « C'est parce que le mouvement régionaliste a un fondement économique que nous le considérons comme irrésistible. Le régionalisme répondait à un tel besoin économique que les groupements économiques ont précédé les groupements moraux ou politiques... Que ce soit du côté patron ou du côté ouvrier, qu'il s'agisse de l'industrie ou de l'agriculture, de toutes parts s'affirme un irrésistible besoin de briser l'absurde centralisation qui étouffe toutes les énergies vitales, toutes

les activités productives du pays [1]. » Et M. Clémentel
énumérait les groupements régionaux qui se consti-
tuaient dès lors dans le Nord pour l'étude des questions sucrières, dans le Languedoc autour de la vigne,
dans le Sud-Ouest et ailleurs pour la création des voies
navigables. Sur ce point, le Ministre du Commerce de
1917 ne fera que reprendre une idée du rapporteur de
1903.

MM. Clémentel et Paul-Boncour étaient donc d'accord
pour constater ceci : le régionalisme économique n'est
pas une théorie plus ou moins séduisante, c'est un fait.
C'est quelque chose qui se fait, qui devient. Notre
regretté maître Paul Vidal de la Blache a étudié cette
évolution dans ses travaux parus en 1910 et 1912-
1913 [2]. Il a écrit là quelques pages, à la fois pitto-
resques et profondes, pages de poésie et de vérité,
d'où tout le mouvement est parti.

Qu'on s'en réjouisse ou qu'on s'en afflige, c'est un
fait que les régions commencent à se constituer en
France, spontanément, comme toute chose vivante.


## La vraie carte de France.

Sachons lire la carte de France.

Non pas la carte administrative, qui n'a subi que
d'infimes changements depuis 1805, avec ses préfectures et sous-préfectures, en apparence toutes pareilles,
avec ses ressorts de cours d'appel qui traduisent l'état
ancien de la circulation : très petites dans les pays où,
sous le premier Empire, des routes rares et raboteuses
mettaient le justiciable loin de ses juges, plus vastes
dans les pays où courriers et chevaux de poste circu-
laient à l'aise. Mais sous cette carte d'aspect immuable,
il en est une autre, ou plutôt plusieurs autres, qui

---

1. Rapport sur le budget de 1904, reproduit dans *Un débat nouveau
sur la République et la décentralisation*. Toulouse, 1904, p. 151.
2. *Les régions françaises* (*Revue de Paris*, 15 déc. 1910). *La relativité
des divisions régionales* (introduction de *Les Divisions régionales de
la France*. Paris, Alcan, 1913).

changent sans cesse : la carte de la répartition de la population, celle des cultures, celle des industries, celle du réseau ferré, celle des voies navigables ; il faudrait y joindre la carte de la répartition des capitaux, celle des marchés de l'argent et des marchés des marchandises, la carte des Bourses aux grains, aux vins, aux laines, etc., comme celle des Bourses aux valeurs ; la carte aussi de l'intelligence, car il y a des zones de plus ou moins grande densité intellectuelle, comme de plus ou moins grande densité démographique.

Dessinez ces cartes différentes, en employant une couleur différente pour chaque ordre différent de phénomènes. Dessinez-les sur des papiers transparents. Superposez ensuite les cartes ainsi obtenues, tâchez de voir, par épaisseur, l'ensemble des données ainsi recueillies, et dites-moi le résultat.

Le résultat, ce sera la vraie carte « humaine » de la France. Sur cette carte, croyez-vous que Mende, chef-lieu de la Lozère, ou même Pau, chef-lieu des Basses-Pyrénées et siège d'une cour d'appel, apparaîtront comme les équivalents de Lyon ou même de Limoges ? Le Havre est une sous-préfecture, Évreux possède un préfet, Roubaix n'a même pas de sous-préfet. Faut-il en conclure que le Havre et Roubaix sont moins, sur la carte de France, que le modeste chef-lieu de l'Eure ?

Le second résultat que vous constaterez en superposant vos différentes cartes, c'est que, très souvent, les taches différentes, elles aussi se superposeront : la tache des fortes densités, la tache des grandes concentrations industrielles, la tache des communications actives, etc... L'homogénéité absolue des diverses parties du territoire national est une formule administrative, c'est-à-dire que les affaires du département des Bouches-du-Rhône se classent dans des cartons exactement semblables à ceux qui abritent les affaires de l'Aveyron ; mais cette formule ne correspond pas, correspond de moins en moins à la réalité. Il faudrait une couleur pour les cartons du département des Bouches-du-Rhône et de quelques départements voisins, une couleur pour les départements qui rayonnent

autour de celui de la Gironde, etc..., Nos départements
ne sont pas des pièces interchangeables, et il ne dépend
pas d'un caprice ministériel de les grouper de telle ou
telle façon. Il serait, d'ailleurs, encore plus impossible
de les empêcher de se grouper entre eux s'ils le dési-
rent, impossible de les considérer comme des unités
isolées.

## Régionalisme universitaire.

Cette tendance au groupement et à la concentration
des activités régionales, certains réformateurs ont déjà
essayé de lui donner un commencement de satisfaction.
C'est ainsi que Louis Liard et les auteurs de la loi de
1896 sur les Universités ont remanié en ce sens la carte
intellectuelle de la France. L'œuvre est loin d'être
complète, et pour plusieurs raisons. D'abord la politique de clocher, la politique du *songez à vos circonscriptions* nous a valu, d'un seul coup, trop d'universités, trop nombreuses pour être assez puissantes. En
second lieu il a fallu prendre tels quels, pour en faire des
ressorts universitaires, les ressorts des Académies. Or
ceux-ci, qui datent à peu près, en leur état présent, du
second Empire, ne tiennent compte ni de l'état actuel de
la circulation, ni des intérêts économiques actuels. C'est
une gageure de vouloir amener à Dijon des étudiants
de Nevers, quand il faut moins de temps pour aller de
Nevers à Paris que de Nevers à Dijon, et que nul intérêt réel ne rapproche Dijon de Nevers, pas plus que de
Troyes, ou de Chaumont. Inversement, les gens de
Chalon, inscrits dans l'Académie de Lyon, sont en liaison intellectuelle et économique avec Dijon, comme le
Creusot est en relations de travail et d'affaires avec
Montbard.
Une autre raison encore qui empêche la loi de 1896
d'être absolument bienfaisante, c'est qu'en raison de
la division départementale elle-même, nos Universités,
régionales de nom, sont presque toutes restées départementales de fait. Lorsqu'elles ont besoin d'argent

pour leurs enseignements, leurs collections, leurs laboratoires, elles en trouvent auprès de la municipalité qui les abrite, du Conseil général du département où elles siègent, de telle société dont les membres se recrutent, eux aussi, surtout dans ce même département. Nous ne saurions trop nous réjouir de la libéralité éclairée dont font preuve, en général, ces diverses institutions. Par contre, il est très rare que les autres conseils généraux du ressort académique, que les villes des départements voisins s'intéressent à l'Université régionale pour contribuer à ses dépenses.

L'une des raisons de la richesse et de l'activité des Universités allemandes, c'est la largeur de leur base régionale. Strasbourg puisait dans un budget alimenté par 1.800.000 contribuables. Telle de nos Universités n'est soutenue que par un département peuplé de 300.000 habitants.

On peut presque saluer comme une heureuse nouveauté le vote tout récent par lequel les conseils généraux de la Haute-Loire et de Saône-et-Loire ont décidé de s'associer à celui du Rhône pour subventionner une chaire d'hydrologie à l'Université de Lyon.

Malgré tout, nos Universités sont devenues régionales, sinon par les fonds dont elles disposent, du moins par les services qu'elles ont rendus. Elles se sont spécialisées dans l'étude du passé de la province, de l'art local, des dialectes locaux, parfois aussi dans celle des courants commerciaux qui intéressent la région. Elles ont créé des instituts techniques qui ont directement favorisé l'essor de l'agriculture ou de l'industrie régionales. L'histoire de l'hydro-électricité dans les Alpes françaises est inséparable de celle de l'Institut électro-technique de Grenoble, comme l'histoire de l'industrie lorraine est liée aux multiples créations de l'Université de Nancy.

Où pouvait-on mieux placer un Institut œnologique qu'à l'Université de Dijon ? C'est surtout par ces Instituts que les Universités contribuent à dessiner autour d'elles une aire d'intérêts économiques régionaux. Or ces Instituts vont être, après la guerre, parmi les éléments les plus actifs de nos Universités. Ils contribueront à établir une sorte de coïncidence entre la sphère d'influence de chaque Université et la région économique. Et il est vraisemblable que l'on tendra à remanier alors les circonscriptions académiques pour les modeler sur les régions économiques elles-mêmes.

## Régions touristiques.

Dans un tout autre domaine, signalons un autre genre de groupements très vivants, les Fédérations de syndicats d'initiative. Ces syndicats se sont peu à peu formés dans tous les « pays » de France, c'est-à-dire dans ces unités géographiques élémentaires qui font de la géographie de notre France une véritable et charmante mosaïque. Ils ont entrepris la tâche utile de faire connaître aux étrangers — et même aux Français — nos pays de France. Puis, sous l'impulsion du Touring Club et de l'Office national du Tourisme, les syndicats voisins, ceux dont les pays appartiennent à une même région naturelle, se sont fédérés entre eux pour tirer parti en commun de sites qui se ressemblent, dont la tonalité générale est la même, qui éveillent les mêmes souvenirs historiques et qui se parent de monuments du même âge ou du même style. Fédération des Alpes françaises, de la Provence, des Vosges, de Bretagne, d'Anjou et de Touraine, etc... ces gros organismes ne correspondent pas toujours exactement, ni dans leur contexture ni par leurs limites, aux régions constituées pour satisfaire à d'autres catégories d'intérêts. Le Morvan, par exemple, unité touristique indivisible, obéit à des influences économiques divergentes. Les Vosges, isolées comme région naturelle, se rattachent industriellement à la Lorraine, etc.

Mais les organismes divers pourront s'entendre entre eux pour le règlement des questions communes, questions de transport, cultures locales, hydrologie, etc... Les touristes ont le même intérêt que les négociants à ce qu'une voie ferrée soit bien tracée. Les hôteliers

sont d'accord avec les médecins pour qu'on sache qu'il
y a en Auvergne, dans les Pyrénées, dans les Alpes, etc.,
des eaux qui valent celles de l'Allemagne ou dé l'Autriche. Sans se superposer, régions touristiques et régions économiques peuvent particllement coïncider.

## Régions agricoles.

Il faut concevoir de la même manière le rôle des
syndicats agricoles. Officiellement, administrativement,
ces syndicats ne groupent que des intérêts purement
locaux, ceux d'un *pays*, et les syndicats de pays eux-
mêmes n'ont au-dessus d'eux qu'une unité plus élevée,
le département. Quant aux *régions* du Ministère de
l'Agriculture, elles n'ont de régional que le nom, ce
sont de simples cadres cartographiques dans lesquels
les départements se répartissent pour les besoins du
service : Nord-Ouest, Nord, Nord-Est, Ouest, Centre,
Est, Sud-Ouest, Sud, Sud-Est.

Mais à côté de ces rigides divisions administratives,
purement bureaucratiques, nous voyons s'en constituer
d'autres, émanant des intéressés. L'union des laiteries
coopératives des Charentes et du Poitou, la Confédéra-
tion générale des Vignerons qui engloba d'abord quatre
départements languedociens, la Caisse régionale de
crédit agricole de Bourgogne et de Franche-Comté
constituent à cet égard des indications précieuses. Mais
il y a plus. Sans vouloir se souvenir de la cartographie
officielle, l'Union centrale des syndicats agricoles a fé-
déré ses syndicats comme le Touring-Club a fait les
siens, elle a cherché à constituer des groupements logiques d'intérêts convergents : Union du Sud-Est,
Union des Alpes et Provence, Union lorraine, Union
de Bourgogne et Comté, Union du Centre, Union du
Périgord et Limousin, Union girondine, Union des
Pyrénées et des Landes, Union du Midi (autour de
Toulouse), etc... Un récent projet de régionalisme agricole, rapporté par M. Théveny, nous permet d'espérer

que l'Administration entrera elle aussi, dans cette voie.
Peut-être entre ces régions agricoles et les régions
industrielles l'entente pourra-t-elle se faire.

## Le régionalisme économique avant et pendant la guerre.

Aussi, avant la guerre, le mouvement régionaliste
tendait-il de plus en plus à s'orienter, suivant les principes, posés par Vidal de la Blache, vers l'organisation
des régions économiques. La campagne menée depuis
1911 par M. Jean Hennessy présente à cet égard un vif
intérêt. L'auteur y faisait intervenir, il est vrai, d'autres
données encore, de caractère plus spécialement politique, notamment une réorganisation du suffrage universel sur la base de la représentation professionnelle.
Mais on peut faire des réserves sur ces points spéciaux
du programme de M. Hennessy et cependant approu-
ver l'idée essentielle de son livre: *Régions de France*,
recueil de conférences qui ont reçu le meilleur accueil
de la part des intéressés, à Barbézieux, à Poitiers, à La
Rochelle, à Angoulême, au Puy, à Bordeaux, à Limoges, etc.

La guerre a précipité ce mouvement. Les inconvénients de la division départementale et de la centralisation, tolérables en temps de paix, sont apparus
comme inacceptables à des heures où s'imposait l'action rapide et coordonnée, où il fallait trouver sur
place la satisfaction de besoins nés sur place, où il
fallait éviter de surcharger les transports par des expé-
ditions à grande distance. Ce n'est pas impunément
qu'on aurait pu continuer à fournir les arsenaux de
Bourges avec des bois que l'on coupait dans le Morvan
pour les envoyer se faire travailler à Toulon. Et il
n'était pas d'une bonne méthode, quand on avait des
raffineries à Nantes, de charger les magasins de Marseille de ravitailler en sucre La Rochelle. C'est pourquoi, le 22 juillet 1915, M. Jean Hennessy, voulant
« compléter la mobilisation militaire par la mobilisa-

tion économique, » rappelait au gouvernement la nécessité de « ne pas perdre de vue que, dans un pays géographiquement composé comme le nôtre, les régions diffèrent entre elles. A cause de leur variété, des milliers d'espèces se présentent qu'il faut connaître instantanément pour dégager l'idée générale et, suivant les cas, dicter la solution immédiate. *Il faut donc,* ajoutait-il, *pour créer une base solide, organiser dans chaque région des conseils techniques* ». Comme il fallait faire vite, comme, d'autre part, il s'agissait avant tout de subvenir aux besoins de la Défense nationale et de nos organisations de guerre, M. Hennessy proposa de donner comme cadres à l'activité de ces « Conseils économiques consultatifs régionaux » les Régions militaires. Ces régions existaient. On les prit à peu près telles quelles, et dans chacune, à peu près aussi, on constitua un Conseil.

Ces conseils, baptisés ultérieurement Comités consultatifs d'action économique (avec sous-comités départementaux) ont rendu de réels services. Groupant les préfets, les délégués de l'intendance, du ministère du Travail, des services agricoles, les représentants du commerce, de l'industrie et de l'agriculture, ils ont réussi à résoudre d'importantes questions de transports, notamment de transports par eau, de main-d'œuvre, de ravitaillement en denrées, en matières premières, en engrais, etc.

Peut-on cependant considérer ces Comités comme une base acceptable pour l'organisation régionale d'après-guerre ?

Non, parce que les régions militaires, dessinées pour des raisons militaires — raisons de recrutement et de mobilisation — ne coïncident que par accident avec des régions économiques. Si même nous ne devions pas prévoir le remaniement de ces régions après la paix, parce que la situation militaire aura changé, pourrions-nous admettre que le Sud et l'Extrême-Ouest de la Bretagne (11ᵉ région) restent séparés de Rennes (10ᵉ région)? ou que l'Est de la France soit fragmenté entre plusieurs régions parce qu'il est indispensable d'y grouper les troupes de couverture en multiples corps d'armée ? Comment conserver le découpage entre quatre régions différentes de cette réalité qui s'appelle la région parisienne ?

C'est ce qui faisait dire au rapporteur même de la proposition de résolution sur les Comités consultatifs, dans son rapport du 25 juillet 1915 : « Ces Comités auraient rendu plus de services si, au lieu d'étendre leur action et de recruter leurs membres dans la zone de la région militaire, ils groupaient les intérêts plus réels, mieux soudés entre eux, des régions économiques formées depuis plusieurs années déjà autour de grands centres urbains. »

# IV

# Qu'est-ce qu'une région économique ?

Tout ceci nous amène à nous poser cette question : Qu'est-ce qu'une région économique ?

La première réponse qui nous vient à l'esprit, c'est : la région économique est la même chose que la région naturelle.

## Régions naturelles et régions économiques.

Une géographie rationnelle aperçoit et distingue en France un certain nombre de zones où la constitution géologique, le climat, le régime des eaux, les cultures, la densité de la population et le mode de peuplement présentent une physionomie spéciale. L'histoire, les mœurs n'ont fait, très souvent, que traduire ces particularités géographiques. Si les « provinces », au sens administratif du mot, étaient des unités souvent factices, au contraire ces grandes régions naturelles sont des réalités. Bassin parisien, Aquitaine, Midi méditerranéen, Alpes, Pyrénées, Massif central, Plateau lorrain sont des types de régions naturelles...

Sont-elles absolument et toujours identiques avec les régions économiques ? Elles le seraient, si l'économie française était quelque chose de figé, d'immuable, si nous n'avions à tenir compte que des productions naturelles, agricoles et extractives, des industries locales, nées du sol lui-même, et de la circulation locale, de celle qui mène les produits au marché voisin. Mais la mobilité de la vie économique actuelle est infinie. Des industries nouvelles naissent, où on ne les attendait pas, où rien ne permettait de pressentir leur apparition. Si l'industrie des fruits confits, celles des pâtes alimentaires, celle du sucre sont les filles légitimes de la grasse Limagne d'Auvergne, qui prédestinait Clermont-Ferrand à devenir le centre de l'industrie du caoutchouc ? De nouveaux courants commerciaux se dessinent, les phénomènes de circulation prennent une ampleur et une importance nouvelle. Ce n'est plus seulement la position au fond d'un estuaire, au coude d'un fleuve, au confluent de deux rivières, au centre d'un pays fertile, ce n'est plus l'abondance des beaux matériaux de construction qui font à elles seules la grande ville, celle dont la force d'attraction oriente vers soi la vie régionale, c'est l'entrecroisement des routes, des voies ferrées, des canaux, c'est aussi la concentration des forces financières et intellectuelles, ce sont les rapports qui s'établissent entre les villes d'une même région.

En somme la géographie régionale résulte d'une collaboration constante de la terre et de l'homme ; à l'action de la terre sur l'homme s'ajoute et parfois s'oppose l'action de l'homme sur la terre. De ces actions et réactions réciproques sort la région, ensemble très complexe de territoires contigus où la somme des intérêts solidaires l'emporte sur celle des intérêts différents.

Nous disons : la somme des intérêts solidaires ; nous ne disons pas : la somme des intérêts identiques. Si nous travaillions dans l'abstrait, il serait très commode d'imaginer des régions dont la production serait homogène, ou à peu près uniforme. Il existe, dans des contrées à constitution géologique différente, — Etats-Unis, Canada, Russie et Sibérie — des régions de ce genre, c'est-à-dire des aires immenses où, sur des dizaines de milliers de kilomètres carrés le paysage présente la même tonalité économique, d'une désolante monotonie : c'est la prairie, c'est la zone du maïs (*corn bell*), celle du coton *(cotton bell)*, c'est la grande forêt boréale (la *taïga* russo-sibérienne), c'est la « terre noire » de l'Ukraine (le *tchernoziom*), c'est le steppe... Rien de

pareil en France, dans cette contrée si progidieusement
variée. C'est à peine si l'on peut parler chez nous « d'un
pays du vin » avec le Bas-Languedoc, de pays du blé
avec la Brie et la Beauce. Notre carte économique est,
tout comme notre carte géologique, une mosaïque formée d'éléments très petits, un vrai jeu de patience. Non
seulement les couleurs qui correspondent aux formes
multiples de l'activité humaine s'y juxtaposent comme
des taches minuscules, mais des hachures superposées,
entrecroisées, indiquent que les divers phénomènes
économiques s'y enchevêtrent. Il n'existe pas chez nous
de région monochrome. Même la Lorraine, si elle est
essentiellement la région du fer, est aussi devenue l'une
des régions classiques de l'industrie textile, et elle est
riche en industries du bois, en industries chimiques de
tout genre, en industries alimentaires comme la brasserie. « Il n'est pas, disait très justement M. Paul-Boncour, il n'est pas de groupement régional, si restreint
soit-il, qui ne comprenne au moins plusieurs industries
aux besoins différents et même antagonistes. »

Dans les pays très vastes, où l'on est habitué à ne
pas tenir compte de la distance, deux industries solidaires l'une de l'autre peuvent se cantonner chacune
dans une région différente. Dans un vieux pays comme
le nôtre, où la petite circulation locale de village à village, de marché à marché, fut à l'origine du mouvement de la civilisation, pays où la nation s'est formée
du groupement séculaire de petites unités lentement
constituées, la liaison des industries entre elles s'exprime
par leur cohabitation dans les mêmes lieux, où les
maintient le besoin réciproque qu'elles ont les unes
des autres. A côté des grandes fabriques de textiles,
soieries lyonnaises, lainages roubaisiens, cotonnades
rouennaises ou vosgiennes, apparaissent les usines de
teinture, qui appellent les industries chimiques. Celles-
ci, depuis l'ère des couleurs d'aniline, sont en relation
avec l'extraction ou l'apport facile de la houille, dont
la présence conditionne à son tour la métallurgie et la
construction mécanique. De même autour de l'olivier
provençal sont nées l'huilerie et la savonnerie marseil-

laises ; à l'olive sont venus se joindre les oléagineux des
colonies ; à l'huilerie et à la savonnerie se sont ajoutées
les industries des sous-produits, production des tour-
teaux, de la glycérine, des graisses végétales. Et ainsi
de suite.

Une région française ne nous apparaît donc pas
comme un territoire à production définie, mais comme
un ensemble de phénomènes multiples et très complexes,
solidaires les uns des autres. Très complexes et aussi
très variables. Une région, c'est un équilibre assez instable entre des éléments très changeants, c'est une harmonie de rapports qui peut toujours se modifier. Suivant le mot profond de Vidal de la Blache : « Soumises,
comme toutes choses, aux lois de l'évolution, les divisions régionales se défont et se recréent suivant les
changements qui se produisent dans les relations des
hommes. »

## Comment naissent les régions économiques françaises ?

Revenons à notre carte de tout à l'heure, à cette carte
humaine qui résulte de la superposition des diverses
cartes particulières, et tâchons de voir comment se
constituent les régions économiques françaises ?

Il s'agit d'un phénomène de cristallisation. C'est donc
autour d'un noyau de cristallisation que s'organise la
masse primitivement amorphe. Ceci revient à dire que
les régions naissent *par leurs centres*. Tandis que les
limites en restent indécises, discutables, flottantes parfois, il n'est pas douteux que certaines agglomérations
urbaines, en assez petit nombre, s'imposent comme
centres régionaux. Ce sont, dans toute la force du
terme, des *villes tentaculaires*.

Pour dessiner la région, que faut-il faire, quand on
en a déterminé le centre ? Tracer autour de ce centre
un certain nombre de rayons, qui indiquent les direc-
tions suivant lesquelles agit la force d'attraction du
centre. Nous menons ces lignes jusqu'au point où cette

force est tenue en échec par une force analogue, émanant d'un centre voisin. Par ces points d'équilibre entre les forces passera la ligne séparative des deux régions limitrophes, c'est-à-dire des zones d'influence de chacun des centres régionaux.

On comprendra facilement que cette ligne est souvent composée de traits multiples et en mouvement. C'est surtout sur les frontières de la région que les influences adverses sont en conflit, et dans un équilibre instable. Il y a généralement, sur le pourtour d'une région, une zone de transition, une frange d'interférence, qui est parfois un territoire constesté. Mais ce qui ne peut être contesté, c'est l'existence du centre et de son action.

Considérons, par exemple, un grand port, tantôt une ville unique, comme Marseille, tantôt, un couple fluvio-maritime, port de haute mer et port d'estuaire, comme sont déjà Rouen-le-Havre, Nantes-Saint-Nazaire, comme nous souhaitons de voir devenir Bordeaux-Pauillac. Quels sont leurs rapports avec la région qui les entoure ?

Autrefois le port était un organe presque exclusivement maritime. Des lignes venues de la mer s'y rencontraient avec d'autres lignes partant vers la mer. Le port était un entrepôt à peu près isolé du continent. Les ports des Phéniciens et des Grecs étaient souvent construits, pour des raisons de sécurité, dans une île voisine du rivage, ou abrités par une presqu'île rocheuse, très nettement séparée du pays voisin. Hong-Kong, Bombay, Gibraltar, Monaco sont des types de ces ports. Hambourg, ville libre et, jusqu'à 1888, extérieure à l'Union douanière allemande, était dans la même situation : géographiquement elle tenait à l'Allemagne ; économiquement elle était hors de l'Allemagne.

Mais la notion de port a évolué au cours du xix⁰ siècle, avec les progrès de la navigation et le développement de la construction navale. Sauf exception, un grand port ne peut plus se concevoir sans ce qu'on appelle son arrière-pays, c'est-à-dire sans la zone dont il draine les produits et dans laquelle il fait pénétrer les marchandises venues du dehors. Au lieu d'être

presque exclusivement un lieu d'échange entre mers
et mers, le port est surtout, de plus en plus, un point
de contact entre mer et terre, « un carrefour, écrit
M. Paul de Rousiers, de routes de mer et de routes de
terre ». A ses bassins à flot, à ses écluses de marée, à
ses cales de radoub, à ses docks, à ses chantiers, il faut
qu'il ajoute un réseau de voies intérieures, ferrées ou
fluviales, qui lui permettent de pénétrer dans l'épaisseur du continent. Ce qui a fait l'extraordinaire fortune de Hambourg, c'est que la « construction » des
fleuves allemands, le creusement des canaux, le développement du réseau ferré ont relié la ville hanséa-
tique à la masse continentale de l'Europe centrale,
étendu son *hinterland* jusqu'en Bohême, jusqu'en
Alsace. La prospérité de Liverpool est due pour une
bonne part au canal de Manchester. « Les ports maritimes, dit encore M. de Rousiers, tirent aujourd'hui leur
principale importance de l'importance même de l'arrière-pays qu'ils desservent. »

La conséquence, c'est que les questions relatives à
l'organisation d'un port, extension de ses quais, largeur
et profondeur de ses bassins, nature et importance de
ses magasins, de ses appareils de déchargement, etc.,
ne peuvent pas s'étudier utilement si l'on s'enferme
dans le port lui-même et dans le district qui l'entoure
immédiatement. Il faut considérer les voies d'accès à ce
port, rechercher celles qu'on pourrait lui ouvrir, tenir
compte des marchandises que peuvent produire ou demander les pays où ces voies pénètreront. Un port
moderne est donc, en une très large mesure, un organe
régional. C'est même très souvent son rôle régional qui
est la condition de son essor national ou même mon-
dial.

Prenons, par exemple, le couple Nantes-Saint-Nazaire.
Derrière lui s'enfonce vers l'Est, vers l'Europe centrale,
cette belle voie d'eau que nous avons malheureusement
laissée envahir par les sables, la Loire. Sur la Loire
débouche le cours de la Maine, vrai tronc fluvial dont
les rameaux s'appellent la Mayenne, la Sarthe, le Loir...
Supposez la Loire redevenue navigable, accessible aux

grands chalands au moins jusqu'à Tours ; supposez que des travaux de canalisation permettent de remonter ses affluents, de les relier aux rivières voisines. Dès lors Nantes cesse d'être un port exclusivement maritime pour devenir le lieu d'échange entre l'Atlantique et une vaste région que nous appellerons la région nantaise. Dans l'estuaire Nantes-Saint-Nazaire, comme dans celui de la Meuse à Rotterdam, les navires de mer déchargent leur cargaison, directement, dans les chalands de rivière. Par ces chalands, descendent les produits lourds ou encombrants, minerais de Segré, ardoises de Trélazé, marbres de Sablé, bois de mine, et même les produits agricoles de l'Anjou ; dans le port même, en pleine eau, des appareils flottants vident ces chalands pour en déverser le contenu dans les flancs des cargos qui partent pour l'Angleterre. La question qui domine toutes les autres dans la région nantaise, c'est la question de la Loire navigable. La région nantaise, c'est l'arrière-pays du port de Nantes-Saint-Nazaire, comme la région de Rouen est l'arrière-pays des ports de la Basse-Seine. Il en est de même de la région de Bordeaux et, dans une large mesure, de celle de Marseille : à côté du Rhône rendu plus accessible et plus utilisable, il faudra, ici, tenir très grand compte du réseau ferré.

En dehors des ports, il y a aussi des villes intérieures dont l'influence s'irradie en tout sens, à de grandes distances. D'abord, ce sont des agglomérations à population très dense, et dont la densité va croissant avec une rapidité constamment accélérée. Il n'y a pas rien qu'en Amérique ou en Allemagne que les grandes villes croissent très vite. Même dans notre pays resté très rural, ce phénomène se constate. Ce qui le rend moins apparent, c'est que les statistiques ne nous renseignent que sur les mouvements de population du *territoire communal* de nos grandes villes, et que le territoire de nos communes urbaines est généralement assez restreint. Ce qu'il faudrait connaître, c'est le mouvement de l'*agglomération urbaine*, c'est-à-dire de l'ensemble des groupes contigus, des surfaces habitées qui se tien-

nent sans solution de continuité. Lille-Roubaix-Tour-
coing, trois communes, sont en réalité une seule ville
avec des boulevards qui traversent l'agglomération de
part en part, avec des lignes de tramways qui ne s'arrêtent pas aux frontières communales. Des communes
de plus de 50.000 habitants, accolées à Paris, à peine
séparées de Paris par la zone fortifiée, Boulogne, Le-
vallois, Clichy, Saint-Ouen, Saint-Denis, Aubervilliers,
Pantin, etc., doivent entrer, en réalité, dans le compte de
l'agglomération parisienne. De même Lyon, qu'une
simple rue sépare de Villeurbane et qui se prolonge
jusqu'à Oullins.

Si grossières qu'elles soient, les statistiques nous renseignent sur la croissance de ces villes monstres. Il
suffit de comparer entre eux les chiffres des derniers
recensements pour se rendre compte de la façon dont
se forment les centres régionaux.

*Accroissement de la population
de quelques villes françaises*

| | 1851 | 1896 | 1901 | 1906 | 1911 |
|---|---|---|---|---|---|
| Marseille. | 195.257 | 442.239 | 491.161 | 517.498 | 550.619 |
| Lyon . . | 177.190 | 466.028 | 459.099 | 472.114 | 523.796 |
| Bordeaux. | 130.927 | 256.906 | 256.638 | 251.947 | 261.678 |
| Lille . . | 75.795 | 216 276 | 210.696 | 205 602 | 217.807 |
| Nantes. . | 96.362 | 123.902 | 132.990 | 133.247 | 170.535 |
| Toulouse. | 93.397 | 149.963 | 149.841 | 149.438 | 149.576 |
| Rouen. . | 100.265 | 113.219 | 116.316 | 118.459 | 124.987 |
| Nancy. . | 45.129 | 96.306 | 102.559 | 110 570 | 119.949 |
| Limoges . | 41.630 | 77.703 | 84.121 | 88.597 | 92.181 |
| Rennes . | 39.505 | 69.937 | 74.676 | 75.640 | 79.372 |
| Grenoble. | 31.340 | 64.002 | 68.115 | 73.022 | 77.438 |
| Dijon . . | 32.253 | 67.736 | 71.326 | 74.113 | 76.847 |

S'il y a quelquefois, d'un recensement à l'autre, un
léger fléchissement ou un arrêt de croissance dans la
population de certaines de ces grosses communes, cela
tient à ce qu'une partie de la population, grâce aux

communications devenues plus faciles, émigre dans la banlieue. Un progrès dans la circulation, l'ouverture d'une ligne de tramways, conséquence d'un développement nouveau, peut se traduire par une baisse apparente de la population recensée. Il faut donc, pour mesurer l'accroissement réel de l'agglomération, faire entrer en ligne de compte les communes suburbaines. Elles gagnent, et au delà, ce que perd la commune primitive. Pour l'agglomération lilloise par exemple, il faudrait ajouter à Lille au moins les communes ci-dessous :

| | | | | | |
|---|---|---|---|---|---|
| Roubaix. . | 34.699 | 126.661 | 124.365 | 121.017 | 122.723 |
| Tourcoing . | 27.615 | 73.353 | 79.243 | 81.671 | 82.614 |
| Croix. . . | » | 14.338 | 15.903 | 16.439 | 17.596 |
| Wasquehal. | 2.040 | 4.901 | 5.969 | 6.073 | 7.011 |
| Hellemmes. | » | 697 | 9.329 | 12.231 | » |

On ne saurait non plus mesurer le développement de Lyon en faisant abstraction de

| | | | | | |
|---|---|---|---|---|---|
| Villeurbane. | » | 21.714 | 20.220 | 33.890 | 42.526 |
| Oullins . . | 4.566 | 9.085 | 9.343 | 10.284 | 12.243 |
| Caluire . . | 6.653 | » | 10.926 | 10.223 | 10.877 |

et de maintes autres communes.

Mais la population n'est pas tout. Certaines villes sont par essence des capitales régionales parce qu'elles sont des nœuds de communications : Lyon, Marseille, Bordeaux, Toulouse sont dans ce cas. Il y en a même, qui, avec une population simplement moyenne, doivent le plus clair de leur importance à ce rôle de « plaque tournante » : tel est le cas de Dijon, point de bifurcation des voies ferrées vers Lyon et Marseille, vers Belfort et Besançon, vers Neuchâtel-Berne et vers Lausanne-Milan via Simplon, vers Genève et vers le Cenis, et aussi de Marseille vers Nancy et Lille.

Ce n'est pas seulement par l'attirance qu'elles exercent sur les populations et sur les lignes de trafic que les grandes villes méritent le nom expressif de villes .

tentaculaires. C'est parce qu'elles sont le siège d'industries « tentaculaires », d'industries qui règlent et commandent, qui « contrôlent » le travail de territoires très étendus.

L'exemple typique, c'est celui de la soierie lyonnaise. La Grande Fabrique, comme elle s'appelle, a de tout temps demandé une part notable de sa matière première aux magnaneries cévenoles, et de très bonne heure aussi, elle a demandé aux ateliers ruraux de collaborer à sa production. Dès la fin du xvi° siècle, les maîtres-marchands fabricants sont de gros capitalistes et distributeurs de travail, qui remetttent la soie grège aux filateurs ou même aux tisserands ruraux et qui en reçoivent, à façon, les fils et les étoffes. Ce rayonnement de la Fabrique s'est accentué au xix° siècle, et le rayon s'est progressivement allongé. Après 1830, le tissage émigre jusque dans l'Ain, la Loire, l'Isère. Le canut de la Croix-Rousse a peu à peu perdu sa prépondérance au profit des campagnes lyonnaises et foréziennes. Cette évolution a été précipitée par l'utilisation croissante des forces motrices hydrauliques. Vers 1877, les métiers dispersés se concentrent en usines, mais en usines situées fort loin de la ville. La distribution de l'énergie électrique, à son tour, a d'abord facilité la multiplication des métiers à domicile, puis permis de faire surgir de puissantes usines. « L'étendue de la région lyonnaise, dit M. Vidal de la Blache, autant qu'il est possible de circonscrire une force mobile et progressive, est géographiquement liée à l'histoire de la fabrique lyonnaise. »

Depuis le xviii° siècle, l'évolution du centre rubanier de Saint-Etienne s'est faite parallèlement à celle de Lyon, et en liaison étroite avec elle, malgré les tendances autonomistes de l'industrie stéphanoise. Dans toutes les vallées du Forez et même du Velay, des Cévennes septentrionales et du Bas-Dauphiné, on relève l'influence directe de la Fabrique lyonnaise-stéphanoise. On est parfois étonné de rencontrer, dans tel coin perdu des montagnes, sur les bords d'un torrent qui s'est frayé un chemin parmi les basaltes, une usine dont le siège social est dans la grande cité lointaine. Quant à la bordière de Dombes, située à l'est de Lyon, c'est presque une banlieue, semée de fabriques lyonnaises.

A la soie se sont ajoutées d'autres textiles, laine et coton, surtout dans les montagnes foréziennes et beaujolaises et même, depuis la guerre et par suite de la transplantation d'une partie de l'industrie roubaisienne, dans le Bas-Dauphiné.

Si l'on voulait réunir par un cercle les points extrêmes où atteint l'influence lyonnaise, ce cercle immense toucherait Clermont, Nîmes, Avignon, Dijon, Grenoble, Besançon, Belfort. Nous aurions là un exemple de ces régions énormes, monstrueuses, qui introduiraient le déséquilibre dans l'économie nationale. Même à s'en tenir à un cercle concentrique de rayon moins étendu, Saint-Etienne, Vienne, Valence, Le Puy, Bourg gravitent dans l'orbite de Lyon.

## Le régionalisme financier.

A la concentration industrielle et à la diffusion des industries s'ajoutent souvent la concentration des capitaux et le rayonnement bancaire.

. Une des faiblesses de notre organisme bancaire, c'est que nos grands établissements de crédit, trop exclusivement parisiens — même quand ils sont nés ailleurs qu'à Paris — drainent trop exclusivement vers le centre les épargnes de toutes les parties de la France, et les font rarement refluer vers les industries locales, qu'ils connaissent mal, dont ils n'ont pas les moyens de contrôler et d'aider l'action. Heureusement, dans quelques villes, des institutions bancaires ont résisté à l'excessive concentration, ou bien ont su, malgré cette concentration, s'adapter aux besoins régionaux. La Banque lyonnaise, dont les origines sont très anciennes, nous apparaît comme liée, de tout temps, de la façon la plus intime, à la Fabrique. Elle est pour ainsi dire, la Fabrique elle-même sous son aspect bancaire. Non seulement les capitaux lyonnais ainsi groupés assurent le fonctionnement de la soierie, des autres industries textiles et des industries qui servent directement aux textiles — teinture et produits chimiques — mais ils alimentent aussi les autres industries lyonnaises, constructions mécaniques ou industries électriques. C'est à eux encore que l'on doit la remarquable expansion de l'activité lyonnaise aux colonies et à l'étranger. L'horizon lyonnais est très étendu.

Non moins intéressante est l'histoire, plus récente, des banques lorraines. C'est à elles, c'est surtout à deux établissements nancéiens que la Lorraine a dû le merveilleux essor qui a suivi les désastres de 1870. Ni le développement de la sidérurgie lorraine, ni la transplantation dans les vallées occidentales des Vosges des industries textiles alsaciennes n'auraient été possibles sans le concours de ces banques : « Elles y ont, en premier lieu, — a dit l'un de ceux qui les connaissaient le mieux, pour les avoir dirigées — consacré leur crédit propre; elles y ont, dans la suite, associé, par une persuasion patiemment exercée sur leur clientèle, une grande partie des disponibilités régionales... C'est par plus de 250 millions, dans la seule période de 1900 à 1914, que s'est traduite leur action tendant à canaliser vers l'industrie les disponibilités de la région... L'ensemble des industries auxquelles les banques lorraines ont prêté leur concours représente une valeur nominale de plus d'un milliard [1]. »

Ce qu'ont fait les banques lorraines, les banques dauphinoises l'entreprennent à leur tour. Elles ont largement contribué à faire de nos Alpes la région de la houille blanche.

A elles seules les banques dauphinoises et savoisiennes ont recueilli et fourni la moitié au moins du capital de plus de 400 millions qui, en un quart de siècle, a été investi pour « l'équipement des innombrables régiments de cavalerie hydraulique enfantés par nos montagnes et l'exploitation de cette fourmilière d'usines auxquelles ils donnent la force et la vie [2] ». Toulouse, Bordeaux,

---

1. Jean Buffet, *Du régionalisme au nationalisme financier.* 1917, p. 64-66.

2. Charpenay, dans *Le Dauphiné au Travail,* Grenoble, 1917, p. 38.

entre autres, semblant vouloir marcher dans la voie ouverte par Nancy et Grenoble. Entre les banques angevines, qui représentent surtout des intérêts agricoles, et les banques nantaises, de stucture industrielle .et commerciale, une entente pourra se nouer pour faciliter l'exportation par la Loire des denrées et des produits lourds.

## Le régionalisme intellectuel.

Reste enfin, comme dernier élément de la vie économique régionale — et non pas le moins important — le rayonnement intellectuel. Nous avons déjà parlé du rôle joué à cet égard par nos Universités et surtout, puisqu'il s'agit d'activité industrielle, par leurs instituts techniques. L'énorme besoin de techniciens qui va se produire après la guerre promet à ces instituts une brillante fortune ; instituts de la brasserie et des produits chimiques, peut-être institut minier à Nancy comme à Lille ; institut des colorants et des teintures dans la ville de la soie ; instituts des corps gras, des parfums, à Marseille : institut électro-technique, école de papeterie à Grenoble ; instituts œnologiques à Dijon et à Bordeaux, etc., ces établissements de sciences appliquées contribueront de plus en plus à la prospérité régionale, aideront la région à dégager ses caractères économiques particuliers.

## La presse régionale.

Ce n'est pas seulement, d'ailleurs, par ses Universités ou par ses écoles que le centre régional affirme sa suprématie intellectuelle. C'est par ses théâtres, par ses sociétés savantes, quand elles sont dignes de leur titre. C'est surtout par ses journaux.

Quoique la presse parisienne, aidée par la rapidité des communications, exerce en France une prépondérance écrasante, quoique notre presse régionale n'ait rien de comparable à celle de l'Allemagne, de la Grande-

Bretagne, de l'Italie, — aux journaux de Francfort, de Cologne, de Hambourg, de Manchester, de Milan, — cependant il est, même en France, de grands organes régionaux qui comptent, et qui de plus en plus compteront. Pour délimiter une région, il ne serait même pas toujours sans intérêt de rechercher jusqu'où s'étend l'aire de diffusion de tel grand quotidien de Toulouse, de Nantes, de Lyon, de Marseille, de Rouen. Aux points où on ne le lit plus, où on ne le vend plus couramment au numéro, c'est que nous ne sommes plus dans la sphère d'action de la ville centrale. Si ces organes savaient se perfectionner, s'améliorer, plus encore qu'ils ne le font aujourd'hui ; si, au lieu de recevoir tout faits ou de délayer les articles de la presse parisienne ils osaient demander aux éléments intellectuels de la région une collaboration qui serait souvent plus précise, plus riche, et toujours plus originale ; si — quelques-uns le font déjà — ils mettaient à l'étude les grands problèmes économiques régionaux, ils acquerraient bien vite une réelle puissance et pourraient apprendre sans trembler que l'express est avancé de deux heures, qui amène de Paris les journaux du matin !

## Toutes les régions sont-elles également réalisées à l'heure actuelle ?

Ce qui rend parfois très complexe la question des régions économiques, c'est que, nous l'avons dit, il s'agit moins d'un fait accompli que d'un devenir, d'une évolution en train de se faire. Or toutes les régions ne sont pas également avancées dans leur évolution. Toutes ne sont pas l'arrière-pays d'un port maritime, ou la sphère d'attraction d'une « ville-nœud », puissante et absorbante. Surtout dans l'intérieur de la France, il y a des régions aux contours plus flous, et dont la capitale impose moins vigoureusement sa prépondérance à tout le voisinage.

Prenons, par exemple, les pays qui s'alignent à droite et à gauche de la Saône. L'un des éléments économiques

les plus intéressants de cette contrée et qui présente
une remarquable unité, c'est le district viticole de la
« côte » — Côte d'Or proprement dite, Charolais, Mâcon-
nais, Beaujolais, — le pays des grands crus, allongé du
Nord au Sud en une bande très étroite, entre les pla-
teaux calcaires jurassiques et la plaine. Industriellement, le sud de cette bande est attiré vers Lyon. Vers
le Nord, la Basse-Bourgogne (Auxerre, Tonnerre et
Chablis) s'incline vers la cuvette parisienne, et le
P.-L.-M., en rendant les communications malaisées
entre Auxerre et Dijon, a encore accru la force centri-
fuge qui repoussait ces districts vers l'extérieur.

À l'Ouest de la côte elle-même, et de l'arrière-côte,
la partie orientale du Morvan et la dépression d'Autun
restent en liaison directe avec Dijon. Par contre les
pays d'au delà de la Saône, le Jura et la vallée du
Doubs, ont des caractères économiques différents :
industries sylvo-pastorales dans la montagne, industries mécaniques, en liaison avec le groupe alsacien,
entre Besançon et Montbéliard. Ajoutez que la Comté
et, comme on disait jadis, la Duché de Bourgogne sont
séparées par une vieille opposition historique, qui re-
monte à la rivalité de François Iᵉʳ et de Charles-Quint,
pour ne pas dire à la lutte entre Louis XI et l'héritière
de Charles-le-Téméraire, et qui trouve son expression
dans la rivalité entre Dijon, ville ducale, puis ville
royale depuis Louis XI, et Besançon, « vieille ville espagnole ».

Bien que la croissance de ces deux villes ait été iné-
gale ; et inégalement rapide :

*Croissance comparée de Dijon et de Besançon*

|              | 1851   | 1896   | 1901   | 1906   | 1911   |
|--------------|--------|--------|--------|--------|--------|
| Dijon        | 32.253 | 67.736 | 71 326 | 74.113 | 76.847 |
| Besançon     | 41.295 | 57.356 | 55.362 | 56.168 | 57.978 |

aucune ne s'affirme assez nettement capitale pour se
subordonner l'autre. Chacune des deux villes a son uni-

versité, ses banques, etc... Aussi les vieilles « envies
de Bourgogne » sont-elles assez vivaces pour obscurcir
le fait géographique qui caractérise la région : la Bourgogne région de passage, pays de routes, nœud de
voies ferrées vers l'Alsace, la Suisse, la Haute-Italie,
la Méditerranée, lacis de voies fluviales dont la ligne
maîtresse est la Saône. Une Bourgogne unie qui prendrait la Saône pour axe, ferait de Chalon un arrière-
port de la Méditerranée, et de Dole unegrande gare
d'eau, qui rendrait au canal de Bourgogne et au canal
du Rhône au Rhin leur antique valeur, une telle région
serait appelée à jouer, entre Paris, Lyon et Nancy, un
rôle de premier ordre. Il est à craindre, précisément
parce qu'il n'y a pas là de centre urbain décidé-
ment supérieur, que cette « grande Bourgogne » ne
se fasse pas, et que nous ayons là deux régions, petites,
et par conséquent toutes deux trop faibles et non
viables.

Entre l'Auvergne, pays des eaux torrentielles, et la
région nantaise, domaine de la Basse-Loire, il faut prévoir une région de la Loire-Moyenne. Du Nivernais à
Blois, le fleuve rendu accessible à des bateaux d'un
faible tirant d'eau ou bordé par un canal latéral, éta-
blira la liaison entre les canaux du Centre et la Loire
tourangelle, c'est-à-dire, en définitive, entre Bâle et
l'Océan. Mais où placer le centre de gravité de cette
région ? A Orléans, coude du fleuve vers le Nord, principal pont sur la route de Paris vers le Sud-Ouest, si
Orléans n'avait pour concurrent un centre de plus en
plus industriel, celui de Bourges. Là, encore, il n'y a
pas une de ces solutions qui s'imposent.

On voit s'en dessiner une, au contraire, en Normandie. D'une part c'est la région de la Basse-Seine, magni-
fique avenue fluviale dont Paris est le point d'aboutis-
sement. Avec ses annexes du pays de Caux et des
pâturages de l'Eure et de la Rille, elle s'ordonne autour de Rouen. La rivalité, qu'on souhaiterait voir se
transformer en collaboration, de Rouen et du Havre
n'empêche pas ici la vieille cité normande de rester la
capitale. Ses industries textiles lui donnent une vie lo-

cale très intense ; elle consomme une grande partie du
coton que le Havre reçoit. Et au service de cette industrie textile se crée une industrie chimique, aidée par
ce fait que la houille anglaise, matière première des
colorants, peut remonter directement jusqu'à ses quais,
ainsi d'ailleurs qu'y débarquent les vins d'Algérie ré-
clamés par l'alimentation parisienne.

Mais le Calvados, le Cotentin, le Bocage normand
prennent de plus en plus l'allure toute spéciale d'une
région minière et métallurgique. Le port de Caen devient un grand port, le port du fer, doté d'installations
sidérurgiques qui seront les plus puissantes de France.
L'un des rares ports français qui soient assurés d'un
abondant fret lourd de sortie, il pourra recevoir la
houille dans des conditions très avantageuses. On peut
lui assigner un brillant avenir. Les communications,
d'ailleurs, sont malaisées entre Rouen et Caen ; l'estuaire de la Seine est un obstacle. Il faut donc nous
attendre à voir l'ancien duché de Normandie se scinder
en deux régions économiques distinctes, correspondant
grossièrement à la Haute et à la Basse Normandie.


## La carte des énergies régionales.

En somme, nous pouvons maintenant nous représenter à peu près de cette façon la carte des régions
économiques :

Il y a, sur la carte de France, quelques grosses taches,
une quinzaine au moins, une vingtaine au plus. Ces
taches, plus ou moins grosses, représentent autant de
condensateurs d'énergie. Ce sont de grandes villes, plus
souvent encore des zones urbaines, des groupes de
communes, où s'accumulent les hommes, les capitaux,
les machines, les valeurs intellectuelles. Les plus puis-
sants de ces condensateurs d'énergie exercent leur action très loin, dans tous les sens. Si l'on voulait faire
rentrer dans la région parisienne toute l'aire traversée
par les lignes de force qui convergent vers l'énorme
agglomération parisienne, tous les districts qui nour-

rissent le « ventre de Paris », tous les marchés secondaires dont Paris est le centre de distribution, où pourrait-on placer les limites de cette région démesurée ? Il couvrirait une part énorme de la France. Nous avons fait une observation du même genre à propos de Lyon. D'autres condensateurs sont de taille plus modeste. Ils luttent, parfois péniblement, contre les condensateurs voisins. Les épisodes de ces luttes sont intéressants, dramatiques, parce que la quantité d'énergie développée par chacun de ces condensateurs n'est pas constante, et que les rapports entre eux sont variables. De là vient la relativité des régions économiques, et la relative instabilité de leurs frontières. Lorsqu'un condensateur puissant se trouve près d'un condensateur plus faible, le premier se livre, aux dépens du second, à des opérations de rapt, de capture économique. Telle la région lyonnaise enlevant au Massif central la domination du Velay ; telle la région marseillaise franchissant le Rhône, unissant Beaucaire à Tarascon, pour détacher Nîmes du Languedoc et le souder à l'Union économique provençale.

Ne nous émouvons pas trop de ces luttes d'influence entre les régions. C'est la loi, c'est le mouvement même de la vie. Aux centres menacés de se défendre contre les emprises du voisin. De cette émulation entre les énergies régionales, c'est l'énergie nationale qui, en définitive, tirera tout le profit.

# De l'organisation
## des régions économiques

Comment traduire en formules administratives le mouvement qui pousse à la constitution des régions économiques ?

L'idéal serait assurément de ne pas établir de formules du tout, de laisser les affinités économiques jouer à leur guise, les influences lutter entre elles pour la vie et pour la domination. L'ordre, un ordre réellement organique, finirait bien par sortir de cette apparente anarchie.

Seulement, cela pourrait durer longtemps. Et nous sommes pressés.

D'autre part, cette solution — laisser les choses se faire toutes seules — serait antipathique à l'esprit français, épris de logique et de clarté. Elle serait contraire aux mœurs françaises. Elèves des Romains, nous sommes un peuple administratif, nous pensons administrativement. Il nous faut des divisions nettes, avec des délimitations précises. Nous n'admettrions pas, entre les zones d'action de nos petites capitales économiques, l'existence de territoires contestés, de « marches ». En fait l'industriel, le commerçant établi aux confins de deux régions a besoin de savoir de quelle région il relève, dans la mouvance de quel groupe il se trouve, et par suite à quel bureau il s'adressera pour défendre ses intérêts. Le pouvoir central, de son côté, a besoin d'avoir en face de lui une organisation hiérarchique, qui lui permette d'atteindre tous les intéressés. Ajoutons enfin que, pour la bonne harmonie du ménage national, il est bon qu'il y ait entre les régions un certain équilibre, qu'il n'y ait pas de régions trop grandes,

trop populeuses, trop riches, et d'autres trop petites,
trop faibles, trop pauvres. De là encore la nécessité de
recourir, dans une certaine mesure, à l'arbitrage de
l'Etat.

## De la délimitation des régions.

A quel procédé faire appel pour délimiter nos régions ?
Si nous voulions le triomphe complet de la logique
administrative, nous installerions au centre, à Paris, un
bureau d'études ou un Comité. Ce bureau, après une
étude approfondie de la carte et des réalités économiques qu'elle recouvre, voies de communication, industries, répartition des capitaux, mettrait telle ville dans
telle région, parce qu'ainsi le veulent la géographie,
l'histoire, l'économie politique.

Une carte ainsi construite serait sans doute parfaite.
Elle pourrait être rendue parfaite. Elle aurait cependant
deux grands défauts.

D'abord, elle n'est pas réalisable sans l'intervention
législative. Immédiatement se poserait dans toute son
ampleur, et dans son infinie complexité, la question de la
réforme administrative générale, avec tous les problèmes
d'organisation politique, militaire, judiciaire, universi-
taire, etc., qu'elle soulève. Or ce n'est offenser personne
que de dire que l'action parlementaire chemine, chez
nous, un peu comme la justice : lentement. La réforme
administrative est à l'ordre du jour depuis... 1869 !
Lier à son sort celui des régions économiques, c'est
risquer d'en ajourner la réalisation encore à un demi-
siècle ! Mais c'est avant la fin de la guerre que nous
voudrions les voir vivre. ·

Autre inconvénient de cette méthode : c'est une
méthode d'autorité. Or, dans notre pays, lorsqu'une
réforme est promulguée du haut d'un fauteuil ministériel ou d'une tribune parlementaire sans qu'elle ait ob-
tenu l'adhésion intime des intéressés, les intéressés ne
font pas, contre cette réforme, une révolution. Non. Ils
lui opposent une force plus puissante que la puissance

administrative : la force d'inertie. Ils pratiquent, d'un visage souriant, la grève perlée. On ne boycotte pas précisément le nouveau comité, on se contente de n'y pas venir. Et la réforme est mort-née.

## De la méthode expérimentale et du projet Clémentel.

Déjà, en 1903, M. Clémentel avait dit que la région ne pouvait se faire qu'avec le concours des forces régionales elles-mêmes : « Il ne faut pas violenter les affinités. Il vaut mieux les laisser se produire d'elles-mêmes. »

Ministre du Commerce et de l'Industrie, il a repris à son compte cette doctrine hautement libérale. Il a posé deux principes, qui ont dirigé le travail entrepris sous ses ordres :

1º Constater ce qui est ; dégager, par une étude attentive des faits eux-mêmes, les solutions qui paraissent les plus logiques. C'est ce que M. Clémentel a fait en établissant, en août 1917, son *Projet de division de la France en régions économiques ;*

2º Consulter les intéressés, les inviter à étudier, de concert avec les services du Ministère, le projet ministériel. Tel est le sens de sa circulaire du 25 août aux Chambres de Commerce : il leur demandait de donner leur avis sur le projet, de faire valoir leurs objections, etc. Sentez-vous bien que cela, c'est une vraie révolution dans les mœurs administratives? Le régime des oukases contre lesquels les administrés se défendent par une sorte d'évasion à l'intérieur, le voici remplacé par celui de la collaboration, de la libre entente, des compromis.

Cela fait, ne nous le dissimulons point, une œuvre bien imparfaite, pleine de taches, d'irrégularités, d'incohérences, et qui nécessitera des retouches ultérieures. Œuvre modeste, assurément, tellement modeste qu'elle attirera peut-être sur elle les dédains des amateurs d'ambitieuses réformes, des chevaliers du régionalisme.

« Peuh ! diront-ils, ça, une réforme. A peine, une réformette! » Elle a cependant, sur les grandes réformes que l'on nous promet, une supériorité, toute petite, mais capitale. A savoir, la seule qualité qui manquât à la jument de Roland, laquelle les avait toutes, et aucun défaut, hormis celui-ci, qu'elle était morte. La jument dont nous voulons parler n'est pas un coursier généreux, un cheval pour « grand prix de Longchamps », mais elle marche. Laissez-la vivre, elle trottera.

Les régions du Ministère du Commerce sont déjà mieux que des promesses et des espérances ; elles se font, et plusieurs sont faites.

## Le groupement des chambres de Commerce.

M. Clémentel avait devant lui non une table rase, mais des corps constitués : les chambres de Commerce. Ces compagnies valent ce qu'elles valent, on peut trouver qu'elles agissent peu, mais du moins elles existent, elles représentent des intérêts. Pas tous les intérêts. Plus les intérêts du commerce, et surtout du moyen et petit commerce, que ceux de l'industrie. Peu les intérêts agricoles, pas du tout les intérêts ouvriers. Il faudra, certainement, refondre les lois sur les chambres de Commerce. Mais, nous l'avons dit, l'usine où l'on fond nos lois ne travaille pas vite. En attendant, prenons les chambres de Commerce telles qu'elles sont.

Leur grosse faiblesse est d'être trop nombreuses. On les a, hélas ! tellement multipliées qu'elles sont (France continentale et Corse) 149. On ne s'est pas contenté d'en créer une par département. Il n'est si petite chambre consultative des Arts et Manufactures qui n'ait rêvé, chaque fois que le député de sa circonscription était un parlementaire influent, de s'ériger en chambre de commerce. D'où vient qu'il y a parfois plus d'une chambre par arrondissement. Tel département a 9 chambres, tel autre 7, tel en a 5 ou 4, et 7 départements en ont 3. C'est de la poussière. Et de l'assez pauvre poussière. Certaines de ces chambres minuscules ont un revenu annuel qui se chiffre par quelques centaines de francs. Trois chiffres suffisent pour écrire le total. Comment, dans ses conditions, leur demander d'avoir un secrétariat bien organisé, de faire des études, d'entreprendre des travaux ?

Le problème ne s'est pas posé seulement en France. La Prusse souffre comme nous d'une pléthore de chambres de Commerce. Dans une circulaire d'octobre 1917, le Ministère prussien signale des chambres qui n'ont pas 1.000 marks de revenus. Lui aussi — et je ne jurerais point qu'il n'a pas lu les documents du Ministère français — il insiste sur la nécessité de constituer des régions économiques pour préparer le travail d'après-guerre. Seulement il résout le problème des petites chambres à la prussienne, en les supprimant. Il reverse sur les grosses leur personnel et leur budget.

Telle n'est pas la méthode française. Ne supprimons rien, car les plus petits corps ont leur utilité, et il y a des forces vives partout dans notre pays. Toutes ces chambres ont montré, pendant la guerre, qu'elles pouvaient rendre des services. Mais groupons ces forces éparses ; avec cette poussière, en l'agglomérant, faisons des blocs.

## La loi de 1898.

La loi, heureusement, nous le permet. Faisons un peu l'histoire de la loi du 9 avril 1898 sur les chambres de Commerce.

C'est une assez vieille histoire. Car déjà en 1880, le projet Hérisson disait : « Deux ou plusieurs chambres peuvent provoquer entre elles, par l'entremise de leurs présidents, une entente sur les objets rentrant dans leurs attributions et *intéressant à la fois leurs circonscriptions respectives.* » Formule reprise, en 1886, dans la proposition Félix Faure et Jules Siegfried. Mais entre ces deux dates, en 1883, la proposition Pierre Legrand avait été beaucoup plus loin. Dans une véritable vue d'avenir, son auteur apercevait les conditions nécessaires de l'organisation moderne de l'industrie : « Nous croyons, disait-il, qu'il est de l'intérêt du gouvernement lui-même que toutes les questions concernant l'industrie ou le commerce puissent être étudiées *régions par régions* dans les chambres consultatives ou de Commerce des départements intéressés, réunies en conseil, et ne lui parvenir qu'après une discussion, un examen complet et contradictoire, et entièrement dégagées de toutes considérations purement locales. »

Pour permettre cette étude, Pierre Legrand instituait *huit conseils régionaux*, formés de délégués des chambres de Commerce. Il en fixait les sièges à Lille, Rouen, Paris, Nancy, Nantes, Lyon, Bordeaux et Marseille ; il en dessinait les circonscriptions. Il leur conférait un budget « au moyen de contributions prélevées sur les chambres de Commerce de la circonscription, proportionnellement au budget de chacune ». Il déterminait leurs attributions : « les mêmes que celles des chambres de Commerce, dont ils centralisent les travaux et résument les vœux ».

Que de temps gagné si le Parlement, il y a un quart de siècle, avait osé suivre Pierre Legrand ? Il nous suffirait, aujourd'hui, en tenant compte du développement de l'industrie française, d'ajouter aux huit centres indiqués par Pierre Legrand quelques centres nouveaux. Mais le mot de région effraya les législateurs d'alors ; il avait, en ces temps lointains, je ne sais quelle saveur révolutionnaire. Tout ce que put faire, en fin de compte, M. Mesureur, ce fut de sauver le principe même de la libre réunion des chambres entre elles pour discuter de leurs intérêts communs. Il disait bien : « Nous sommes persuadés que les réunions régionales seront de beaucoup les plus nombreuses et les plus utiles », et le sénateur Lourties le répétait. Mais, par une sorte de terreur superstitieuse du régionalisme, on n'osa pas insérer dans la loi des dispositions précises à cet égard. Du moins, par les articles 18 et 24, on accorda aux chambres de Commerce le droit de « provoquer, par l'entremise de leurs présidents, une entente sur les objets rentrant dans leurs attributions et intéressant à la fois leurs circonscriptions respectives » et le droit de « se concerter en vue de créer, de subventionner ou d'entretenir des établissements, services ou travaux d'intérêt commun ». Il n'est pas dit par la loi que ces ententes ou concerts auront une base régionale, comme l'aurait voulu Pierre Legrand. Mais il n'est pas dit non plus qu'il leur soit défendu de choisir cette base. Et cela nous suffit.

En fait, ces dispositions très libérales ont reçu deux sortes d'application : elles ont permis de réunir annuellement les présidents de toutes les chambres de Commerce de France et d'Algérie, ce qui n'a rien de régional, en une assemblée qui, très nombreuse, reste forcément très solennelle. Elles ont permis de constituer des *Offices de transports,* groupant toutes les chambres de Commerce qui appartiennent à un même réseau ou qui ont à utiliser les mêmes voies de communication, ferrées ou fluviales. Constitués sur une base géographique, ces Offices — du Sud-Est, du Sud-Ouest, de l'Est, et ... — ressemblent déjà à des organisations régional s. Mais ils sont forcément trop étendus (celui du Sud-Est groupe 36 chambres) et par contre l'objet en est trop limité pour que nous puissions y voir des régions économiques.

Heureusement, les articles 18 et 24 n'ont pas épuisé leur vertu. C'est en se servant de ces textes que le ministre du Commerce a pu inviter les chambres à se grouper en unions régionales. Lorsqu'elles se sont mises d'accord, un simple arrêté leur confère l'autorisation requise. Ensuite un décret constitue un budget régional au moyen de centimes additionnels à la cédule des bénéfices industriels et commerciaux. Avec ce budget, la région organise son bureau d'études, envisage des travaux d'intérêt commun. A la tête de ce bureau la région installera un technicien de son choix, agréé par le Ministre.

## Conséquences de la réforme.

Quelles sont les conséquences de cette très simple réforme ?

Faut-il étudier un projet de canal, de centrale électrique, un grand travail d'irrigation qui dépasse les frontières d'une seule chambre ou même d'un seul département ? Au lieu de mener cinq, six, huit enquêtes parallèles, et souvent contradictoires, de solliciter l'avis de cinq ingénieurs en chef, on étudie le projet dans le conseil régional, et c'est l'agent régional qui est chargé de s'aboucher avec les fonctionnaires des services techniques. Non pas avec les fonctionnaires d'un seul département, mais avec ceux de toute la région. C'est lui qui doit, sur le territoire régional, rechercher les mines inexploitées, les eaux dormantes, signaler les lacunes de la circulation. Il doit orienter la région dans le sens de la production plus intensive ; il doit être l'organe moteur, tandis que les fonctionnaires des services techniques ont pour devoir de jouer le rôle de frein, de faire respecter les conditions qui s'imposent à tout travail public. Ils sont compétents pour dire comment une ligne de transport de force, un canal, une écluse, etc..., *ne doivent pas être établis*. Les délégués des chambres de Commerce et leur homme de confiance seront compétents pour dire qu'*il faut établir* une ligne électrique ou un canal. La stagnation de la production nationale tient en grande partie à ce qu'on a trop souvent confondu, dans la pratique, ces deux fonctions logiquement antagonistes : la fonction régulatrice, qui appartient aux corps techniques, et la fonction motrice.

Entre les diverses circonscriptions de chambres de Commerce ainsi groupées, la solidarité s'impose. Pour qu'un réseau de chemins de fer départemental à voie étroite donne son plein rendement, il faut qu'à la limite du département il soit raccordé au réseau du département voisin, sans solution de continuité, sans modification dans l'écartement des voies. Il ne faut pas qu'un passage de la Haute-Vienne à la Charente ressemble à un passage de la frontière espagnole ou de la frontière russe. Il faut que les conditions d'exploitation soient uniformes, et que les horaires ne semblent pas, comme il arrive, faire exprès de se contrarier. Les forces hydrauliques dont disposera Marseille sont fonction de ce que sera le régime des eaux, et par conséquent l'état de la végétation forestière sur la Durance et ses affluents. De même pour l'irrigation de la Crau. L'union nécessaire de la montagne et de la plaine est la condition primordiale de ces grandes œuvres régionales. Elles ne peuvent être conçues dans le cadre d'une étroite circonscription territoriale. Inversement la prospérité du port de Marseille retentira sur les conditions de la vie dans la Haute-Provence. Lorsque l'Université de Lyon revisera le programme de ses instituts techniques, la région économique lui demandera de songer aux intérêts des industries du Velay, en même temps qu'à ceux de la fabrique lyonnaise. Pour que soit assurée la prospérité du port de Bordeaux, c'est toute la question de la navigation et de la batellerie sur la Garonne et ses affluents qu'il faudra soumettre à une étude d'ensemble, et non pas seulement de la Garonne bordelaise, mais aussi de la Garonne toulousaine, sans parler des intérêts du Languedoc et du port de Cette.

## Groupements interrégionaux.

Car la solidarité régionale se complique de la solidarité interrégionale. Il ne serait pas admissible que les régions économiques vécussent repliées sur elles-mêmes, séparées les unes des autres par des cloisons étanches. Cela serait dangereux pour l'unité nationale, cela serait déplorable au point de vue économique. Toutes les industries ne sont pas régionales, il s'en faut, et les problèmes qu'elles posent dépasseront souvent les limites de la région. De même les voies de communication ne sont pas toujours inscrites tout entières dans une seule région, si étendue qu'on la suppose, et même en ce cas elles ont besoin de se raccorder aux voies des autres régions.

Mais l'instrument législatif de 1898 et l'instrument administratif qu'on y surajoute sont d'une infinie souplesse. Si les chambres se fédèrent entre elles sur la base régionale, elles gardent le droit de se fédérer sur d'autres bases, par exemple entre chambres s'intéressant à la même industrie. On admettrait fort bien une union des chambres des ports maritimes, une union des chambres lainières ou « soyeuses » ou cotonnières, des chambres qui produisent de grosses quantités d'énergie électrique, etc. D'autre part, et à plus forte raison, *les régions elles-mêmes pourront se fédérer entre elles.* Par exemple celles de Clermont, de Bourges ou Orléans, de Nantes (Massif Central, Loire-Moyenne, Basse-Loire) pourront conférer entre elles pour améliorer le régime de la Loire. Voilà une question capitale qui ne se résoudra jamais s'il faut mener parallèlement l'étude et l'action dans une douzaine de départements, mais qu'une union interrégionale résoudra au plus grand avantage de tous. La région de Grenoble, région électrogène, s'abouchera avec celle de Lyon, consommatrice d'énergie; •Lille, la région du charbon, avec Nancy, la région métallurgique par excellence. Ces échanges interrégionaux accroîtront la productivité nationale. Or, cet accroissement est, pour la France de demain, la condition du salut. Il nous faut, en effet, fournir notre rendement maximum, ou mourir.

## L'avenir.

Petite réforme, dira-t-on encore. « Non seulement, objectera-t-on, votre groupement régional des chambres de Commerce n'est pas la Région. — avec un grand R — il n'est même pas la région économique. Car il y a bien d'autres choses dans la vie économique d'une région que les chambres de Commerce. Elles sont loin de représenter tous les intérêts, et de les représenter complètement. A côté d'elles, il y a les syndicats agricoles, patronaux, ouvriers, plus ou moins représentés aujourd'hui dans les Comités consultatifs des régions militaires, et auxquels vous ne faites aucune place. Il y a les syndicats d'initiative. Il y a même les élus du suffrage universel, ces Conseils généraux qu'il serait si intéressant de détourner de la politique pure pour les diriger davantage vers la politique économique. Comme la loi de 1898 permet de fédérer les chambres de Commerce, la loi de 1871 permet aux Conseils généraux de tenir des conférences interdépartementales. La loi sur les syndicats de communes est aussi un instrument de progrès. Il faut, en un conseil régional commun, réunir ces éléments divers, appeler dans ce conseil les maires des capitales régionales et des grandes villes. C'est en groupant toutes ces forces, et alors seulement, que vous ferez les régions économiques françaises. »

Patience. Nous faisons, à l'heure présente, ce que nous pouvons faire aujourd'hui. Le Ministre du Commerce agit dans les limites de sa compétence, avec les corps sur lesquels la loi lui accorde un droit de regard et de tutelle. Ne lui reprochez pas de ne pas faire ce qu'il n'a pas le droit de faire.

Les conseils régionaux des Chambres de Commerce seront un noyau, et autour de ce noyau d'autres forces viendront s'agglomérer. Les syndicats patronaux, qui sont une poussière, encore plus que les chambres elles-mêmes, seront invités eux aussi à se fédérer. Il ne faut pas que le Ministre ait à solliciter l'avis de tel syndicat composé de cinq membres : un président, deux vice-présidents, un secrétaire et un trésorier, tous cinq plus ou moins enrubannés. Il lui faut des Unions puissantes, parlant au nom d'une industrie. Les syndicats ouvriers comprendront que les conditions du travail sont liées étroitement à la prospérité de la région ; ils voudront apporter leur concours à l'étude des questions de production, de transport, d'organisation. Car de plus en plus le prolétariat organisé se rend compte que l'amélioration des conditions du travail a pour préface nécessaire le développement de la prospérité nationale. Nous avons déjà vu les syndicats agricoles s'orienter dans une direction analogue à celle que nous préconisons. Et si les syndicats du tourisme ne peuvent, en raison même des intérêts qu'ils servent, se modeler sur nos régions industrielles et commerciales, entre les unes et les autres l'accord sera toujours possible, et salutaire.

Un temps viendra, nous le croyons, où tous les groupements, de toute espèce, unis par la solidarité géographique se fédèreront entre eux dans la région, tandis que les groupements de même nature se fédèreront à travers le pays tout entier. De cette combinaison entre le régionalisme économique et le fédéralisme économique naîtra l'unité de notre économie nationale.

Mais cela ne se fera pas en un jour, et par une loi ou un décret.

Laissons agir le temps, et faisons confiance aux forces de la vie. Faisons tout de suite ce qui peut être fait tout de suite, dans l'intérêt de la nation. Disons-nous que le reste viendra, et qu'à chaque jour suffit sa peine.

Peut-être bien que le jour où tout cela sera fait, on en sera encore à élire, à la Chambre ou au Sénat, la commission chargée de mettre définitivement au point un projet de réforme de l'administration générale. Déjà ce projet a singulièrement évolué. Au début, il tenait le plus grand compte, — peut-être même un trop grand compte — des forces économiques et professionnelles. Aux dernières nouvelles, il devient plus spécialement politique. La région ne serait plus qu'un assemblage de départements, ou plutôt d'arrondissements. Les conseils généraux, conservés, nommeraient au second degré un conseil régional, composé exclusivement de conseillers généraux. Le préfet du chef-lieu deviendrait une sorte de préfet supérieur, d'archevêque administratif dont les autres préfets seraient les suffragants.

Et c'est dans ces conditions que l'on nous demande d'ajourner le groupement régional des chambres de commerce jusqu'à la réalisation de cette réforme, et que l'on reproche au Ministre du commerce de mettre la charrue devant les bœufs !

La charrue — une solide charrue à moteur — marche déjà, et déjà elle creuse son sillon.

# Un voyage à travers les régions

## Où nous en sommes.

Dans sa circulaire du 25 août 1917, le Ministre disait aux chambres de Commerce : « Voyez, réfléchissez, faites-moi part de vos objections. Puis j'irai vous voir, chez vous. Je réunirai vos présidents ou leurs délégués dans la ville provisoirement désignée comme centre de votre groupement, et là, nous causerons, nous nous mettrons d'accord. »

Il y a un peu plus d'un an — septembre 1918 — que cet appel a été lancé. Où en sommes-nous aujourd'hui ?

## Les deux premières régions constituées : Nancy et Clermont.

Le 19 mars de cette année, le Ministre présidait la réunion des chambres de Commerce de l'Est. L'heure était grave. En choisissant cette région comme la première de celles dont il proclamait la création, le Ministre tenait à faire un acte de foi dans l'avenir. Il avait en face de lui le vénérable président de la chambre de Commerce de Reims, la ville-martyre, les représentants des chambres de Charleville et de Sedan, encore aux mains de l'ennemi ! Ces circonstances imprimaient à la réunion un caractère particulièrement émouvant. Le Ministre appela successivement le nom de chaque chambre, et chacune, avec gravité, répondit un *oui* sacramentel, comme celui que, dans une céré-

monie de mariage, les conjoints font entendre devant
l'officier de l'état civil.

Ce *oui* fut prononcé par Bar-le-Duc, Belfort, Châlons,
Charleville, Lure, Nancy, Reims, Sedan, Troyes. Trois
absentes : Epinal, Saint-Dié, Saint-Dizier, envoyèrent
ensuite leur adhésion. La première de nos régions était
constituée, avec 12 chambres de Commerce qui représentent 118.000 patentés, et dont le produit des patentes
atteignait, avant guerre, près de 16 millions. Harmo-
nieuse région où s'équilibrent la production minière et
métallurgique, la production textile — à la fois vos-
gienne et champenoise — les industries chimiques et
alimentaires. Région de forte concentration financière
et intellectuelle, avec une vraie capitale. L'adhésion de
Lure, que ses intérêts rattachent à Epinal et à Nancy,
marquait la supériorité du cadre fourni par les chambres de Commerce sur le cadre départemental, puisque
le système très souple adopté par le Ministre permettait
de détacher du département, surtout agricole, de la
Haute-Saône un district nettement industriel.

Assurément, le dessin de la région ne sera pas éter-
nel. Belfort est là en pierre d'attente d'un futur édifice,
celui de la région d'Alsace. Que fera-t-on, demain, de
la partie annexée de la Lorraine ? Si la région de Nancy
s'étend vers le Nord-Est, reviendra-t-on à l'idée d'une
région champenoise, intermédiaire entre Paris et
Nancy ? Et si Reims n'a pu, alors, renaître de ses cen-
dres, Troyes réclamera-t-elle le titre de capitale ? Toujours est-il que, pour la période de reconstitution qui
suivra la paix, la région actuelle sera, pour ses 12 chambres, un abri. Déjà cette région élabore son programme
d'action, chemins de fer, routes, canaux, industries, recherche des débouchés, etc... ; programme exposé dans
le numéro du 1ᵉʳ août 1918 de l'*Union économique de
l'Est*.

Le 29 avril, le Ministre était à Clermont, et il grou-
pait de la même façon les chambres de Montluçon,
Moulins, Ambert, Clermont-Ferrand, Riom, Thiers,
Aurillac : le Bourbonnais et l'Auvergne, les districts
qui doivent entreprendre, comme le premier de leurs

travaux communs, le canal latéral à l'Allier, futur affluent de la Loire navigable. Un temps fut — les pierres des bords de l'Allier portent encore la trace des cordes des haleurs — où des bateaux portaient jusqu'en Armorique les pommes des fertiles Limagnes. Ce temps doit renaître, et la région aura aussi pour tâche de rechercher les richesses inexploitées du Massif central, houille blanche et noire, minerais, pétrole peut-être !

Deux incidents ont marqué la réunion de Clermont-Ferrand, intéressants parce qu'ils soulignent la méthode et l'esprit de la réforme.

D'une part, la chambre de Mende, conviée à Clermont y est venue dire que les intérêts cévenols s'orientent, aujourd'hui comme jadis, vers le Languedoc. Respectueux de l'autonomie des chambres, le Ministre a pris acte de cette décision et a donné au président de Mende rendez-vous à Montpellier. D'autre part, si la plus grande partie de la circonscription du Puy — le Velay — est de plus en plus pénétrée par l'influence lyonnaise, l'arrondissement de Brioude est une « Limagne » auvergnate, le premier grain de ce chapelet de bassins opulents qui descend vers Clermont. Très généreusement, le Puy consent à céder Brioude. Mais, pour incorporer Brioude à la région de Clermont, il faudra y créer une chambre de Commerce.

« Eh ! quoi, dira-t-on, une cent cinquantième chambre, quand vous vous plaignez d'en avoir déjà trop ! » L'inconvénient n'est plus le même du moment que les chambres, au lieu de rester des unités isolées et impuissantes, se fédèrent en de vastes organisations régionales.

## Visites aux centres régionaux.

En raison des événements, le Ministre n'a pu continuer ses visites aux divers centres. Il a désigné, pour le faire à sa place, trois délégués. Ces trois délégués sont partis, pèlerins passionnés de l'idée nouvelle, interprètes fidèles de la pensée ministérielle. Ils sont allés de centre en centre, essayant de faire passer dans l'esprit de leurs auditeurs la conviction qui les anime eux-mêmes.

Je ne dirai pas qu'ils n'ont rencontré nulle part de difficultés. Notre pays est un pays très divers ; les vieilles traditions y ont la vie dure, et aussi les vieilles rivalités, les vieilles jalousies. Les clochers y sont nombreux, et ces clochers ont beaucoup d'orgueil. Telle bourgade, qui fut grande ville au xv<sup>e</sup> siècle, ne se console pas de n'avoir plus sa cour de justice, ou son évêque, ses écoles, voire même sa garnison ; elle ne veut pas courber le front devant sa riche voisine, une parvenue ! Telle ville aimera mieux se rattacher à un très grand centre lointain, à une de ces métropoles dont la supériorité est indiscutable, plutôt qu'à une ville dont elle se sent l'égale : il y a peut-être un atome de ce sentiment mêlé aux très sérieuses raisons qui ont poussé Nîmes à porter son allégeance à Marseille, et non pas à Montpellier.

Pour défendre leurs prétentions, les chambres ne se contentent pas de répandre des flots d'éloquence. Elles mobilisent toutes les forces dont elles disposent. D'abord les membres du Parlement. Mais l'intervention des sénateurs et députés, ou des conseillers généraux d'un département, appelle naturellement, comme contre-partie, l'intervention des représentants du département voisin. Loiret contre Cher, Doubs contre Côte-d'Or ! Ces forces rivales s'équilibrent et se neutralisent.

Puis s'avancent les redoutables phalanges des sociétés savantes. Ethnographes, archéologues, linguistes s'abattent sur nous et nous démontrent que le crâne comtois, très dur d'essence, diffère du crâne bourguignon. Vous leur parlez canal du Rhône au Rhin, gares d'eau, utilisation des forces motrices, ils vous répondent en invoquant Marie de Bourgogne, Philippe II et le cardinal Granvelle et, comme s'ils étaient sur un champ de bataille, ils s'écrient : « Comtois, rends-toi ! — Nenni, ma foi ! »

D'autres nous reprochent de déchirer le manteau d'hermine de la Bretagne. Tels ne nous pardonnent pas de séparer deux pays qui parlent le même patois.

Comme nous avons dit aux hommes politiques que nous ne faisions pas de politique, nous répondrons aux sociétés savantes que nous ne faisons pas d'archéologie. Notre rôle est de dégager des intérêts existants, et de préparer les voies pour demain.

Nous rencontrons aussi des capitales gourmandes, de grandes villes qui, légitimement fières de leur puissance, voudraient étendre leurs prises jusqu'aux limites extrêmes du territoire où s'étend leur action. Il faut les calmer, réduire un peu leurs prétentions, leur faire comprendre que les autres aussi ont droit à la vie.

Tout cela, on le voit, ne manque ni d'imprévu, ni de pittoresque. Les voyages des délégués du Ministre sont parfois fatigants, ils ne sont jamais ennuyeux. Sans compter que, de ville en ville, à discuter avec des hommes d'action, ils s'instruisent sur la vie nationale, ils apprennent bien des choses qu'on ignore dans le cabinet. Et, par la portière du wagon, ils voient, le long de toutes les lignes, la France rajeunie se couvrir d'un riche manteau d'usines, comme elle s'était, après l'an mil, couverte d'une blanche robe d'églises.

## Les régions actuellement constituées.

Qu'avons nous ajouté aux deux régions constituées par le Ministre ? Comment se présente, fin septembre 1918, la carte des régions économiques ?

Commençons par celles qui sont complètement, définitivement mises debout.

*Limoges* est fait, avec les Chambres de la Rochelle, Rochefort, Angoulême, Cognac, Niort, Poitiers, Tulle, Guéret et Périgueux. Bergerac reste à Bordeaux, et c'est à Bordeaux également que voudrait se rattacher, si on lui donne une chambre de Commerce indépendante, le joli nid de primeurs qui s'appelle Brive. Très fortement constituée, faite du Limousin, du Poitou, d'une partie du Périgord, ouverte vers la mer par la Saintonge et l'Aunis, voilà une région qui n'avait pas même attendu la circulaire ministérielle pour vivre. Ici, abdiquant toute politique, les conseils généraux s'étaient mis d'accord pour unifier leurs réseaux départementaux, pour créer un musée régional d'échantillons, etc...

*Rouen* est fait, avec Évreux, Pont-Audemer, Dieppe, Fécamp, le Havre, Bolbec, Elbeuf, 8 chambres de Commerce. Le Tréport fait sécession, quoique situé dans la Seine-Inférieure, parce que l'ensemble du département appartient au réseau de l'Etat, tandis que le Tréport est un des points de sortie du réseau du Nord vers l'Angleterre.

Pour la région de *Caen*, les délégués du Ministre viennent de la créer définitivement sur place. Déjà les délégués de la chambre de Caen, ceux des chambres d'Honfleur, d'Alençon, de Flers, de Cherbourg et de Granville étaient venus, dans le cabinet de M. Clémentel, affirmer leur volonté de faire entre eux le groupement des forces minières, métallurgiques et navales qui vont imprimer à la Basse-Normandie un merveilleux essor.

La *région nantaise*, nous l'avons dit, est dessinée par la géographie économique : c'est la région de la Basse-Loire et de ses affluents. A l'entrée de l'estuaire, le groupe Nantes-Saint-Nazaire ; en amont Angers, Saumur, Tours ; sur les affluents de rive droite, longuement navigables, le Mans et Laval ; à gauche, Cholet et, plus au sud 'encore, la Roche-sur-Yon, parce que les charbons vendéens seront, comme le fer angevin, absorbés par l'industrie nantaise.

Deux points douteux seulement : Laval, qui cherche à s'ouvrir des voies navigables vers la côte Nord, est sollicitée de se relier au bloc breton. Inversement Lorient, dont les chantiers de construction navale sont en rapports avec ceux de l'estuaire de la Loire, se demande s'il ne va pas s'orienter vers Nantes. Sous ces réserves, la région de *Rennes* grouperait Saint-Brieuc, Quimper, Brest, futur port transatlantique, Morlaix, Saint-Malo, Fougères, Lorient. Elle aurait pour mission la mise en valeur de cette terre bretonne, si bien dotée de richesses agricoles et minérales et jusqu'à présent si négligée.

*Toulouse* aura pour associées Foix, Tarbes, Albi,

Montauban, Mazamet et Castres, Rodez, peut-être Auch,
si les eaux-de-vie de l'Armagnac ne se considèrent pas
avant tout comme les sœurs des vins de Bordeaux.
Toulouse est la reine des Pyrénées. Son rôle sera de
devenir la Grenoble de l'Aquitaine, d'équiper les forces
produites par les gaves, par les nestes, par les lacs où
se mirent les sommets du Vignemale et de la Mala-
detta. Elle tiendra les clefs des nouvelles routes qui, à
travers la chaîne, mèneront en Espagne. Peut-être le
temps n'est-il pas loin où l'influence toulousaine, dé-
bordant à l'Est et à l'Ouest, vers Castelnaudary et
Perpignan, vers Pau et Bayonne, s'étendra à toute la
région pyrénéenne.

*Lyon*, la ville sérieuse où la hardiesse des concep-
tions voisine avec le sens du possible et le souci de
l'harmonie, entraîne dans son orbite Villefranche, Ta-
rare, le Puy (sauf Brioude), Valence, Annonay, Aube-
nas, Bourg, Vienne, Mâcon. Saint-Etienne est récalci-
trante et Roanne serait peut-être tentée de se coaliser
avec Saint-Etienne. Mais comment ces deux chambres
pourraient-elles persister dans cette sécession, vivre à
l'état isolé dans une France économique qui sera toute
régionalisée ?

*Montpellier* aurait voulu conserver au Languedoc
méditerranéen son unité. Des Cévennes aux Pyrénées
s'étend le vert manteau des vignes, c'est le pays du
vin. Mais Nîmes a objecté que sa viticulture était un
peu différente de celle de l'Aude et de l'Hérault ; qu'elle
avait, pour cette raison, retiré son adhésion à la con-
fédération générale des Vignerons, la fameuse C. G. V. ;
que la viticulture, industrie essentielle du Languedoc,
n'était qu'une note dans la gamme plus variée des industries du Gard ; enfin qu'elle avait besoin du Rhône, pour
ses communications, pour ses irrigations, pour sa force
motrice. Elle veut être d'une région qui ait le Rhône
pour artère, et non pour limite. Nîmes, et Alais avec elle,
se sont formellement rattachées à Marseille, et je doute
qu'elles reviennent sur leur décision. Montpellier gar-
dera comme compagnes Béziers, Cette, Carcassonne,
Narbonne, Perpignan, Millau.

## Controverses régionales.

Passons maintenant aux cas controversés.

La région de *Marseille* semblait assez facile à constituer avec Arles, Avignon, Alais, Nîmes, Toulon (plus une sous-région corse). Nous y ajoutions Nice. Digne et Gap demandaient à faire partie de ce groupement, préparé depuis longtemps par l'énergique campagne de l'actif président de la chambre de Commerce M. Artaud, et de son dévoué directeur M. Henri Brenier. Tous deux avaient publié, à l'heure même où s'élaborait le projet ministériel, une remarquable brochure : *L'Union économique provençale, une solution productionniste.* Ils y traçaient, sur la carte, les limites d'une région très étendue — peut-être démesurément étendue. Elle comprenait, d'une part, toute la Côte d'Azur jusqu'à la frontière italienne, de l'autre, la totalité des vallées alpestres qui descendent vers la Méditerranée. Ce qu'il faut retenir de ces revendications, c'est que la région dont Marseille sera le centre a besoin de garder le contrôle de la Moyenne-Durance, pour deux raisons ; il faut qu'elle ait en mains, pour ainsi parler, le robinet des irrigations qui donneront aux terres assoiffées de la Provence la fécondité et la vie, et aussi les centrales qui enverront la force à ses usines. Par exemple l'énorme barrage de Serre-Ponçon, que la société de l'Energie électrique du littoral méditerranéen va installer au confluent de la Durance et de l'Ubaye, enverra ses kilowatts au centre industriel qui se développe autour de Marseille. Or, Serre-Ponçon est à cheval sur les départements des Hautes et Basses-Alpes, ce qui explique l'adhésion à l'union provençale de Gap et de Digne, déjà attirées vers Marseille comme vers le principal marché de leurs produits agricoles.

D'autre part, il nous faut tenir compte des intérêts du Dauphiné et de la Savoie, terres classiques de la houille blanche. Nous avons déjà signalé le rôle que joue *Grenoble*, comme directrice intellectuelle, technique, financière de l'essor industriel alpestre. Si la Moyenne-Durance est provençale, la Haute-Durance, le Guil, la Haute-Ubaye sont dauphinois : usines d'aluminium, de carbures, de nitrates y sont en liaison étroite avec celles du Graisivaudan, de la Maurienne, de la Tarantaise. D'autre part, à travers le Dauphiné, les populations si profondément françaises de l'ancien duché de Savoie et de l'ancien comté de Nice veulent, comme jadis, se donner la main. Le signe visible de cette union ce sera la ligne électrifiée qui, au printemps, ramènera les hiverneurs de la Côte d'Azur aux bords du Léman, par l'une des plus merveilleuses routes de montagne de l'Europe, en passant au pied des cimes étincelantes de l'Oisans.

Mais ce projet n'est pas réalisable si, par le coin oriental des Hautes-Alpes (Briançon) et des Basses-Alpes (Barcelonnette), la région de Marseille touche la frontière italienne. Il y aurait alors solution de continuité entre l'Isère et les Alpes-Maritimes. Faudra-t-il, pour concilier les intérêts en présence, créer là aussi de nouvelles chambres de commerce, pièces mobiles d'un vaste assemblage ? Le but est de ménager à la région des Alpes un couloir qui permette d'aller du Léman à la Méditerranée.

Un problème tout différent a été posé par *Bordeaux*. A côté de son domaine propre (Libourne, Bayonne, Bergerac, Mont-de-Marsan, Agen, Cahors, et sans doute Auch), Bordeaux estime qu'il doit exercer son influence sur une zone beaucoup plus vaste, sur tout l'arrière-pays du port. On étudie en ce moment une combinaison très souple qui permettrait, dans le cas des ports maritimes, d'envisager deux aires concentriques : la région proprement dite, et autour d'elle, une sorte de frange où les chambres de commerce, rattachées à des régions voisines pour la quasi-totalité de leur vie économique, seraient cependant reliées à la région maritime pour les questions d'exportation et d'importation.

Nous avons fait allusion aux conflits *Dijon-Besançon* et *Orléans-Bourges* : tous deux marchent vers leur solution.

## Ce qui reste à faire.

Deux choses resteront à faire.

1° La Chambre de commerce de *Paris*, très grande dame, s'est longtemps fait prier avant d'accepter le projet qui lui était soumis. Elle semble hésiter encore entre trois solutions : ou Paris considéré à lui seul (avec la Seine) comme une région autonome ; ou une région parisienne restreinte, Paris et la grande banlieue ; ou une région parisienne étendue, le bassin d'alimentation du marché de la capitale.

2° On n'a pas encore touché le grave, l'angoissant problème de la région du Nord. Dans quel état la retrouvons-nous ? Sera-t-il opportun de confier l'œuvre de reconstruction à une seule et vaste région, avec *Lille* pour centre unique ? Vaudra-t-il mieux créer deux régions : Nord et Pas-de-Calais autour de Lille ; Somme, plus le Tréport, Aisne, peut-être Oise autour d'Amiens ?

Dès à présent, avec cette vigoureuse confiance dans leur tenace énergie qui caractérise nos gens du Nord, les intéressés demandent qu'on mette la question à l'étude. Ils le demandaient déjà lorsque Lille n'avait pas encore vu fuir l'ennemi.

Voilà, au bout d'un an, où nous en sommes. Depuis un an, les faiseurs de systèmes ont fait — et défait — des systèmes. On a, dans les Chambres, déposé, examiné, rapporté des projets ou propositions de lois. Les bureaux ont envoyé des circulaires et les assemblées départementales ont émis des vœux.

Cependant le Ministre du Commerce, agissant dans sa sphère, sans tapage, sans grandes manifestations oratoires, a prouvé le mouvement en marchant.

# TABLE DES MATIÈRES




*Le Gérant :* EDMOND SCHNEIDER

MAYENNE, IMPRIMERIE CHARLES COLIN

# CHEMINS DE FER
## DE PARIS A LYON ET A LA MÉDITERRANÉE

## Livraison à domicile
### des bagages arrivant à la gare de Paris

En raison de la difficulté éprouvée par les voyageurs pour l'enlèvement de leurs bagages, la Compagnie des Chemins de fer P.-L.-M. appelle l'attention sur les facilités qui sont offertes pour la livraison *à domicile* des bagages par la Société des **voyages Duchemin** dans les dix premiers arrondissements de Paris ainsi que dans les 16ᵉ et 17ᵉ arrondissements.

MM. les Voyageurs désirant en profiter doivent en faire la déclaration au départ au moment de l'enregistrement pour que leurs colis soient étiquetés en conséquence.

A l'arrivée à Paris, les bulletins de bagages doivent être remis au bureau spécial des **voyages Duchemin**, situé dans la salle d'arrivée, où seront donnés tous les renseignements nécessaires.

244

www.ingramcontent.com/pod-product-compliance
Ingram Content Group UK Ltd.
Pitfield, Milton Keynes, MK11 3LW, UK
UKHW020027100726
13658UKWH00003B/1151